달을 건지다

김장배 수필집

수필세계사

수필세계사가 만든 김장배 수필집

작가의 말

문득, 돌아보니
낯선 길 위에 서 있었다.
노을 진 산마루
새들이 날아가고,
가슴 속 울음 하나
어스름 하늘에 박힌다.

2025년 가을
김장배

차례

작가의 말

제1부
문진을 놓다

011　문진文鎭을 놓다
016　두파쵸파
021　얼리지
026　세 번의 가정교사
030　발簾에 들다
035　더 국수
040　하이힐
044　어떤 배려

제2부

달을 건지다

달을 건지다　051

밀삐　056

물꼬　061

위빠사나 명상　066

눈길　071

팽이의 잠　074

고운사孤雲寺에 취하다　079

술잔에 실린 비밀　084

제3부
활주

091　활주

096　테

100　돌아온 돌

104　아들 낳는 약

108　가보지 않은 길

112　부럼을 깨다

116　섭생

120　여관 밥상

제4부

까끄라기

까끄라기 127
약손 131
느루 135
닭둘기 140
모지랑붓 144
멸치 149
트집 153
맛봉오리 157

제5부

군새

163   군새

168   꽁초와 승차권

173   액셀러레이터와 브레이크

177   유수

182   맏물

186   사방탁자

191   뜸, 느림을 꽃피우다

195   어敵

제1부

문진을 놓다

방 안 구석구석 은은하게 묵향이 번진다. 마지막 획을 거두고 나니 모처럼 제대로 쓰인 듯하다. 오랜 시간 흔들리지 않고 제 역할을 다해준 눌개 덕분이다. 왼쪽 여백에 날짜와 이름을 쓰고, 낙관을 찍는다. 내 안에 따뜻한 중심이 하나 더 눌린다.

- 문진文鎭을 놓다
- 두파쵸파
- 얼리지
- 세 번의 가정교사
- 발簾에 들다
- 더 국수
- 하이힐
- 어떤 배려

문진文鎭을 놓다

　방 안 구석구석 은은하게 묵향이 번진다. 느슨했던 마음을 바투 잡는다. 말아두었던 두루마리를 펼치고 양쪽 끝에 문진을 놓는다. 들떠있던 화선지가 지그시 바닥에 등을 대고 눕는다. 네 개의 귀퉁이가 팽팽하게 제 몸을 당긴다. 잠시 호흡을 가다듬고 붓을 들어 먹물을 찍는다.
　눌개라고도 불리는 이것은 책장 또는 종이쪽이 날리거나 넘어가지 않도록 눌러 놓는 문방구며, 서진書鎭이라고도 한다. 아쉽게도 문방사우에는 들지 못하나 움직임을 잡아주기에 꼭 필요한 도구다. 납작한 모양을 비롯해 길쭉하거나 동그란 형태 등 여러 가지이다. 용·두꺼비·호랑이 모습이나 산천을 조각하여 아름답게 꾸민 거도 있다.

주로 사용하는 문진은 세 개다. 거북 형상의 도기陶器는 평소 붓으로 글을 자주 쓰시던 아버지 유품이고, 어릴 적부터 아끼는 몽돌도 있다. 고향집 앞 바닷가엔 반질반질하고 평평한 돌이 지천이었다. 마음에 드는 몇 개를 주워 간직하던 것으로 아직도 곁에 두었다. 또 하나는 몇 년 전, 문학 공부하면서 받은 크리스털로 된 눌개형 상패다. 당신이 그리워지면 거북이를, 마음이 복잡할 경우에는 몽돌을, 초심으로 돌아가고 싶을 땐 크리스털을 애용한다.

중학교에 입학하면서 삼십 리를 걸어 다녔다. 하루 세 시간 남짓 길에서 보내고 집으로 오면 파김치가 되었다. 몸이 약해 공부할 기력이 턱없이 모자랐으며, 성적도 그다지 좋지 않아 희망이 절벽처럼 느껴졌다. 아버지께 학교에 다니고 싶지 않다고 하자 일 년만 고생하면 도시로 보내준다며 달래셨다.

부산으로 전학한 형을 생각하며 참고 기다렸으나 집안 형편은 여전히 어려웠다. 이 학년 때는 자취를 하고 삼 학년이 되어서는 친척댁의 신세를 지면서 겨우 졸업했다. 당신의 말씀을 듣고 마음을 누르지 않았더라면 오늘의 나로 있을 수 없었으리라.

서예는 생각이 흐트러지면 잘되지 않는다. 글씨를 쓰기 전에 먹을 갈면 심리적 안정을 유지해 준다. 천천히 문지르다 보면 이런저런 일로 심란했던 마음의 소요가 차분히 가라앉는다. 그런 다음 문진을 바로 놓고서야 비로소 잔잔한 호수처럼 편안해진다.

얼마 전, 지인으로부터 투자권유를 받았다. 잘 모르는 분야였으나 평소에 믿은 사람이기에 그대로 따랐다. 그러나 조금 시간이 흐른 뒤 사기당한 걸 알았다. 금전적인 손해도 컸지만 무엇보다 치솟는 배신감을 억누를 수 없었다. 고민 끝에 법적 절차를 밟아가던 중, 잘 알아보지 못한 상태에서 달려든 우리 잘못이니 문제 삼지 말자고 아내가 나를 말렸다. 한동안 마음을 추스르기 어려웠으나 덕분에 불편한 감정을 가라앉힐 수 있었다.

추사 김정희는 유복한 집안에서 태어나 알찬 교육을 받으며 자랐다. 과거에 급제해 벼슬로 나아간 다음, 순탄한 관운을 타고 승승장구했다. 그러나 당쟁의 소용돌이에 휘말려 불운한 삶에 빠지고 말았다. 제주도와 함경도에서 십여 년을 귀양살이하면서 갖은 고생에 시달렸다. 출세 가도를 달리던 그의 가슴엔 얼마나 커다란 한이 응어리졌겠는가. 하지만 시시때때로 일어나는 온갖 울분을 지그시 눌러준 건 글씨와 그림이었다. 완당의 독창성과 철학이 담긴 서체와 세한도는 그렇게 고난의 시절에 자신을 다스리며 완성된 걸작이다.

어머니는 해마다 오이지를 담갔다. 굵은소금으로 비벼 잘 씻은 후, 항아리에 차곡차곡 넣었다. 다음 날, 절인 물을 따라내고 염수를 더해 한 번 더 끓여서 부었다. 어느 정도 식으면 그것들이 위로 둥둥 뜨는 걸 방지하기 위해 크고 넓적한 돌을 올려놓으셨다. 상큼한 맛은 적당한 무게로 눌러주는 누름돌에 달려있었다.

펼쳐진 종이엔 글씨가 채워졌다. 호흡을 돌리며 잠시 붓을 내려놓으니 긴장이 풀린다. 반으로 접어두었던 나머지를 편다. 문진을 들어 귀퉁이로 옮기자 저도 편안해 보인다.

마음이 번잡할 적엔 산을 오른다. 고즈넉한 오솔길을 걸으면서 생각을 정리할 수 있기 때문이다. 바위에 기대어 아래를 굽어보고, 계곡에 앉아 잔잔하게 흘러가는 물소리를 듣다가, 산봉우리 위로 날아가는 새 떼에 눈길을 주기도 한다. 그럴 때면 개울을 지그시 누르는 징검돌이나 산길 양쪽에 늘어선 풀꽃과 새들이 눌개라는 생각이 든다. 그들로 인해 물은 잠시 고단한 흐름을 쉬어가고 골짜기는 깊고 하늘은 더 높아지는 것이리라.

돌아보면 바람처럼 펄럭이는 날이 많았다. 정처 없이 떠돌며 한곳에 붙박여 있지 못한 시간이 부지기수였다. 불현듯 찾아오는 욕망이나 세상에 대한 원망을 주체하기 어려운 시기도 있었다. 그때마다 크고 작은 흔들림을 붙들어 준 건 내 안의 작은 서진이었다. 상대방에 대한 이해와 소소한 만족, 중심을 잃지 않으려는 노력으로 그나마 나를 지탱했다.

대인춘풍 지기추상代人春風 持己秋霜, 『채근담』에 나오는 구절을 자주 쓴다. 다른 사람을 대할 때는 봄바람같이 부드럽고 관대하게, 나에게는 가을날 서리처럼 차갑고 엄하게 다스리리라. 다시 한번 마음속에 문진을 놓는다.

방 안 구석구석 은은하게 묵향이 번진다. 마지막 획을 거두고 나니 모처럼 제대로 쓰인 듯하다. 오랜 시간 흔들리지 않고 제 역할을 다해준 눌개 덕분이다. 왼쪽 여백에 날짜와 이름을 쓰고, 낙관을 찍는다. 내 안에 따뜻한 중심이 하나 더 눌린다.

두파쵸파

발은 불목하니다. 신체 오지에서 삶의 무게를 짊어진 채 평생 주인을 지탱해왔다. 저녁 무렵, 불빛 아래 눈여겨보니 여기저기 상처 자국이 많다. 발톱은 울퉁불퉁하고 발가락은 휘어졌다. 단 하루도 거르지 않고 몸을 보듬어온 순박한 성품을, 애정을 담아 어루만진다.

공양供養이란 부처님이나 조상, 스승처럼 자기가 존경하는 분에게 감사의 뜻을 나타낼 때 바치는 제물이나 선물을 말한다. 이공양利供養은 물질을 드리는 것이며, 경공양敬供養은 마음을 담는다. 티베트어로 '두파쵸파'라고 불리는 행공양行供養은 숭배자가 바라는 원칙대로 행함으로 그중에서도 최고라 여겨진다.

초등학교 시절, 내 발은 가난했던 집안을 도왔다. 산에 가 땔감을 하면서 넘어져 다치거나 장작을 패다가 나무토막에 찍히는 일도 허다했다. 방학 땐 화목을 지고 삼십 리 밖 읍내로 팔러 갔다. 중학교 다닐 적에도 오르막과 내리막이 심한 산길을 지나고, 뜨거운 여름 백사장을 걸었다. 그러나 한 번도 내게 불평하지 않았다.

발은 손처럼 날렵하기보다는 뭉툭하다. 탑의 기단처럼 묵묵히 몸을 떠받든다. 단순하며 대체로 화려한 문양이 없는 건 저 자신을 드러내지 않는 것들의 특징이다. 족궁足弓은 들쭉날쭉한 지면에 적응하여 체중을 감당하며, 외부 충격을 효과적으로 흡수한다. 터널이나 다리 등의 건축물에서 막중한 하중을 지탱할 때, 이러한 구조를 이용함과 같은 원리다. 무게와 시간을 동시에 견디고 있는 이 천연 아치는 지극함의 발로라 하겠다.

어느 해, 밤새 비가 많이 내렸다. 그 당시 대부분의 지방도로는 비포장이어서, 어머니와 나는 질펀질펀한 진흙탕 길을 걸어서 도시로 나갔다. 차라도 한 대 지나가면 옷과 얼굴에 흙탕물이 마구 튀었다. 논길로 접어들자, 너무 미끄럽고 푹푹 빠져 신발을 벗었다. 우리는 맨발로 앞서거니 뒤서거니 움직였다. 하지만 여기저기 거머리가 달라붙어 본의 아니게 헌혈했다. 논둑을 다 지날 때까지 피를 흘리면서도 신작로까지 데려다주는 수

고를 마다하지 않았다.

수년 전 태국에서 마사지를 받았다. 앳된 여인이 들어와서 약초를 넣어 뿌옇게 우려낸 따끈따끈한 물에 발을 담그랬다. 온종일 돌아다니느라 지친 피로가 스르르 녹아내렸다. 먼저 전체를 주무르며 긴장을 풀어주고 발목에서 발바닥까지 눌렀다. "여기는 눈에 좋아요, 이곳은 두통에 효과가 있습니다." 라고 말하더니 한 지압 점에서는 "정력에 최고"라며 익살스럽게 한쪽 눈을 찡긋했다. 엄지발가락부터 새끼발가락에 걸쳐 차례차례 서비스받는 동안 간지럽고 찌릿찌릿한 통증도 느꼈지만 최초로 호사를 누린 순간이 아니었나 싶다.

옛날 중국에서 미인의 절대조건은 작은 발이었다. 연꽃 발이라고 불리는 전족은 엄지를 놔두고 네 발가락을 꺾어 발바닥에 밀착시키는 방법으로 길이가 9센티를 넘지 않았다. 서 있기 힘들어도 예쁘게 만들기 위해 자주 걷게 했다. 명나라 때에 이르러서는 더욱 짧아졌고 모양도 요사스럽게 변해서 도저히 사람 것이라고 보기 어려운 지경이었다. 천 년 동안 이어져 내려오던 이 풍습은 남성의 욕망을 위해 여성이 혹사당한 폐습인 거 같다.

발가락을 다쳐 입원한 적이 있었다. 급한 볼일과 중요한 약속도 미룰 수밖에 없었다. 평생 지구 세 바퀴 반 거리를 걸으면서도 자신을 드러내지 않는 그의 노고는 간과될 때가 많다. 발이 제대로 움직여야 몸의 모든 기능은 물론이고 일상생활도 원만하게 이루어지는데 그 고마움을 자주 잊어버린다.

발은 대체로 손보다 먼저 도착한다. 아폴로 11호가 인류 최초로 달에 착륙했을 때도 그랬다. 에베레스트 정복도 세찬 눈보라와 빙벽을 헤치고 등정해 이룩한 쾌거였다. 하지만 깃대를 꽂는 것은 손이다. 성취의 결과는 늘 그의 몫이 아니다.

유년기에 소아마비로 팔을 사용하지 못한 어느 화가는 손 대신 발로 그림을 그렸다. 예수는 제자들 앞에 앉아 손수 그들의 발을 씻겨주었다. 가섭이 통곡하자 열반에 든 세존은 관 밖으로 두 발을 내밀어, 우는 제자들의 슬픔을 달랬다. 이처럼 삶을 위로하는 건 어쩌면 묵묵하게 견뎌내는 발이 아닐까.

손이 천상을 우러르며 더 높은 곳을 지향할 때 발은 대지에 단단하게 붙박여 스스로 뭇 것들의 토양이 된다. 화려하고 고고한 형이상학이 아니라 단순하고 투박한 형이하학이다. 마치 은자인 양 신발 속에 깊숙이 숨어 살기를 천명처럼 알고 운명에 복종한다.

살아온 자취를 더듬으면, 가장 무겁고 힘든 노동을 감당하지만 존중받은 적이 없는 존재가 발이다. 두 손이 상賞을 받거나 귀한 사람과 악수할 때, 맛있는 음식을 먹을 적에 그저 바라보기만 했다. 샤워할 시에도 머리부터 감고 맨 나중에 씻었다. 역할에 맞는 대접은 늘 뒷전이면서도, 불평이나 불만을 드러내지 않고 묵묵히 자신의 책임을 다한 그에게 괜스레 미안해진다.

 세월이 바뀌어 이젠 귀한 대우를 받는다. 여기저기 마사지 간판이 눈에 띈다. 요즘에는 페디큐어를 해주는 곳도 성업 중이다. 동남아시아에서 시작되어 이제는 우리 곁에 깊숙하게 들어왔다.

 오늘은 단 하루도 거르지 않고 몸을 보듬어온 발부터 먼저 씻는다. 마사지 받던 기억을 떠올리며 비누를 칠한다. 발가락을 쭉쭉 당기고 지압도 해준다. 행공양 하듯 거친 부분을 부드럽게 만지고 두드린다. 저녁의 발끝으로 둥글고 따뜻한 것들이 밀려온다.

얼리지

　자잘한 매실이 촘촘하게 매달려서 겉보기엔 좋았지만 온전히 영글지 않아 남에게 내놓을 형편은 못 되었다. 자라다 만 거며 벌레 먹은 것도 군데군데 눈에 띄는 걸 보니 올해 농사는 그르친 모양이다.

　자투리땅을 놀려두기 아쉬워 오 년 전에 매화나무를 심었다. 수확한 과실로 청도 담고 이웃과도 나누어 먹을 요량으로 밀식한 게 실수였다. 시간이 흐르면서 몸집이 이전보다 훨씬 커져 옆 나무의 가지와 얽혀 열매도 제대로 맺히지 않았다. 하는 수 없이 몇 그루를 솎아 내기로 했다.

　얼리지Ullage는 오크통 속의 와인과 뚜껑 사이의 공간이나 증발로 인한 감손량을 말한다. 얼핏, 운송 중 양이 줄어들어 손해인 듯 보이나 실제로 이러한 틈에 의한 발효로 더 좋은 향이 나는 포도주가 만들어진다. 스스로 과유불급의 이치를 깨달아 적당히 자신을 비워낸 것이라 할 수 있겠다.

대학을 졸업한 후, 재래시장 부근에 어렵사리 가게를 열었다. 창고처럼 허름한 곳이었지만 다행히 작은방이 하나 딸려서 자취하며 일을 꾸려 나갔다. 이른 아침부터 밤늦게까지 점포를 떠나지 않고 영업에 몰두했다. 앞뒤 좌우 살필 시간조차 없이 노력한 덕분에 육여 년 만에 빚을 모두 갚고 바닥 면적이 스물다섯 평인 이 층짜리 건물을 샀다.

어느 정도 안정이 되었을 때 슬그머니 욕심이 생겼다. 주변으로부터 수입이 꽤 짭짤하다는 말만 듣고 상당한 금액을 투자해 운수업에 손을 댔다. 일터에 묶인 데다 전문성도 없었던 터라 월급 사장을 두었다. 막상 운영해 보니 직원들 급여마저 겨우 충당하는 수준이었다. 더욱이 보험제도가 제대로 갖추어지지 않은 시기여서 사고가 발생할 때마다 크게 손해를 보았다. 사채로 메워야 할 경우도 많았다. 도산 직전까지 가서야 헐값으로 회사를 팔았다. 가지고 있던 재산 대부분이 거품처럼 사라지고 또다시 빚을 졌다.

유대인들은 『탈무드』에서 지나치면 안 되는 여덟 가지를 알려주고 있다. 돈, 술, 일, 여행, 잠, 약, 조미료, 여자다. 이 모두

가 적당할 때는 삶이 윤택하고 편안해지지만, 과하면 몸과 마음을 피폐하게 만든다고 한다. 플라톤은 어디에서 그치는가를 알아, 머물 지점을 인식하는 게 최고의 지혜라 일렀다.

시간이 흐르자 잠잠하던 욕망이 다시 살아났다. 비어 있는 자리가 아까워 새로운 일을 찾던 중 지인이 경양식집을 권유했다. 패밀리레스토랑이 주목받을 때여서 흔쾌히 동의하고 주변의 소문난 식당을 돌아다니며 시장조사를 마쳤다. 대부분 손님이 많고 맛도 좋아 가능성이 엿보였다. 전문 업자에게 의뢰하여 인테리어를 맡겼다. 하지만 계단을 올라가야 하는 이층인데다 면적이 좁아 영업에 지장을 줄 것이란 사실을 뒤늦게 깨달았다. 결국 시설비에 들어간 경비만 날려버린 채 포기하고 말았다.

탐욕의 잔으로도 알려진 '피타고라스의 컵'은 중심에 막대가 솟아 있는 독특한 형태를 지녔다. 술이나 물을 부으면 안이 차게 되지만, 일단 가운데의 폴 높이를 초과하면 내용물이 손쓸 새 없이 모두 바닥으로 흘러나와 버린다. 과욕을 경계하기 위하여 만들어졌다는 '계영배'와 비슷하다.

어머니는 과유불급의 지혜를 일찌감치 실천했다. 상추 씨앗이 실하게 싹을 틔워 좀 자랐다 싶으면 어김없이 솎아 내셨다. 밀식密植으로 인해 영양분이 부족해서 제대로 크지 못하거나 말라죽기 때문이다. 며칠 지나면 시들었던 모종은 널찍한 자리를 차지하고 나서 더 싱싱해졌다. 고추장이나 된장 항아리를 가득 채우지 않은 것도 발효 과정에서 넘칠 수 있기에 미리 방지하기 위해서였다.

과일나무는 한 해 열매를 많이 맺으면 다음 해에는 수확량이 현저히 줄어든다. 해거리해서 스스로 수량을 조절한다. 벌은 개체 수가 급격히 늘어나면 생존을 위협받기에 여왕벌을 중심으로 분가하게 된다. 자연은 이처럼 자정능력이 있으나 인간은 그렇지 못한 게 현실이다. 분수를 넘어 더 가지고 잉여를 만들어 쌓아둔다. 순리를 거스르는 이러한 욕심 때문에 인간관계를 훼손하고, 주거 환경마저 나빠진다고 해도 과언이 아니리라.

나이가 들면서 젊은 시절보다는 한결 여유로워졌다. 주변을 돌아볼 만큼 마음도 편안하나 아직도 욕심 때문에 버리지 못하는 것들이 많다. 방치된 책들로 책꽂이는 여전히 복잡하고 맺어진 사람들과의 관계도 적지 않다. 정해진 시간을 쪼개어 쓰지만, 그래도 허겁지겁 움직인다.

책장에서 오래된 책들을 빼냈다. 숨통 트인 책등의 활자들이 더욱 선명해졌다. 여백이 생긴 자리에선 오래 잊었던 목향이 배어 나왔다. 이참에 어수선한 전화 명부도 정리해야겠다 싶었다. 이미 인연이 끊어졌는데도 혹여나 해서 남겨 둔 이름들이 여럿이다. 실속 없이 분주하기만 했던 만남보다 지금 곁에 있는 사람들이 새삼 더 소중하다는 생각이 들었다. 차일피일 미루던 일을 처리하고 나니 몸과 마음이 홀가분하다.

    올해 농사는 그르쳤지만 몇 그루를 솎아 내니 남은 과목이 힘껏 기지개를 켠다. 그 사이로 펼쳐지는 허공이 오늘따라 새삼 푸르다. 저 빈 곳으로 새소리가 스며들고, 바람이 지나가며, 햇살도 더 빛나리라. 내년엔 생기 도는 가지마다 굵은 열매가 탐스럽게 매달리겠다.

세 번의 가정교사

시골에서 도시로 유학해 온 나는 가난한 학창 시절을 보냈다. 다행히 가정교사를 하게 되어 큰 근심을 덜었다. 요즘도 어려운 일이 생기면 그때를 떠올리며 마음을 다잡는다.

대학교 일 학년 때, 친구 소개로 두 명의 중학생을 가르쳤다. 부모님은 시장에서 포목 도매상을 했다. 주택은 좁은 골목길 사이에 있는 단층 기와집으로 마당이 거의 없었다. 함석 대문을 열고 몇 발짝이면 방에 들어갈 수 있었다. 첫눈에도 검소하게 사는 댁이라는 짐작이 갔다. 놀라운 일은 저녁이면 서너 개의 마대에 돈을 가득 넣어오셨다. 숱한 고생을 하면서 자수성가한 분들이었다.

어느 날 저녁, 식사 중에 부부의 대화를 들었다. "손해를 보더라도 그렇게 합시다." 라고 부인께서 말씀하셨다. 알고 보니 비단을 사 간 소매상으로부터 어려운 사정을 듣고 그 요구를 받아들이자는 이야기였다. 힘든 과정을 거쳐 온 그들이기에 가능하리라. 가난하게 살았던 시절을 잊지 않고 배려하는 이들 내외분의 마음 씀씀이에 저절로 존경하는 감정이 우러났다.

아이들은 둘 다 성적이 중간 정도 수준이었다. 집안일을 돕는 아주머니가 있었으나 간식은 꼭 사모님이 직접 정성스럽게 챙겼다. 언제나 나를 선생님으로 부르고 깍듯이 예우해 주셨다. 성적에 관해서는 한마디 말도 없었지만, 가정교사를 두는 이유를 알기에 마음은 늘 무거웠다. 그게 나의 운명이니 어쩌랴. 다행히 결과는 뒷걸음질 치지 않고 조금씩 앞으로 나아갔다.

이 학년 때는 소 여관을 하는 댁으로 옮겼다. 당시엔 가축을 사람이 직접 몰고 도시로 와서 팔았다. 그러다 거래가 이루어지지 못하면 다음 장까지 먹이고 재우는 곳이 필요했다. 주인 할아버지는 직원에게 늘 여물을 충분히 먹이라고 일렀다. 한갓 미물에게도 온정을 베푸시는 모습이 인상적이었다.

여기서도 두 명을 가르쳤다. 사모님은 정다웠고, 아이들도 예의가 발랐다. 학생의 아버지는 대학교수였고, 서울 명문대 출신의 고모는 나보다 네 살 많았으며, 형제처럼 따뜻하게 대

해주었다.

 세 번째는 학교 추천으로 교육감님 댁에 갔다. 내가 선택된 이유는 담배를 피우지 않아서인 것 같았다. 지금까지 다녀간 가정교사들이 모두 흡연자였다고 했다. 그분은 부인과 사별 후 재혼하셔서 아들 둘과 딸 한 명을 두었으며, 가정적이라 집안은 늘 화기애애한 분위기였다.

 그리 넓지도 않은 마당엔 가을이면 금목서가 향기를 내뿜었고 겨울엔 동백이 흐드러지게 피었다. 울타리에는 장미 넝쿨이 뻗어 오르고, 비파나무는 이국적인 풍취를 자아냈다. 내외분은 봄이면 아이들과 함께 꽃씨를 심고 화초를 가꾸면서 한쪽에는 염소와 토끼를 키우셨다.

 한 학기에 두 번 치르는 시험 기간에는, 동생의 자취방에서 공부할 수 있도록 배려해 주었다. 그럴 땐 계란 꾸러미와 밑반찬까지 마련해서 들려 보냈다. 이곳에 있을 적에는 가족 같은 나날이었다. 그 댁에서 나온 후 대학 졸업식이 있었다. 그날 놀랍게도 사모님이 꽃다발을 들고 오셨다.

 세계적인 인물 가운데는 여러 가지 형편 때문에 다른 이의 도움을 받아 뜻을 이룬 사람들이 있다. 칸트는 아이들을 가르치는 일을 하며 틈틈이 논문을 발표하고, 친구들 조력으로 강단에 섰다. 가난한 집안 태생인 하이데거는 신부님의 보살핌으로 김나지움에 진학했다. 나도 세 번의 가정교사를 거치면서 무난히 학업을 마쳤다.

  세 댁의 부모님들은 자녀들에게 건전한 생각을 하게끔 하는, 인격적으로 훌륭한 분들이셨다. 아이들은 특별히 공부를 잘하는 편은 아니었으나 모두 온순하고 심성이 발랐다. 부유하다고 가난한 시골 청년을 차별하지 않았고 삶에 큰 도움을 주었으니 평생 잊을 수 없다. 그분들로부터 검소함과 청렴함, 그리고 배려심을 깨달았다. 그때의 경험이 세상을 살아가는데 소중한 자산이 되었다.

  부나 권력을 성취하기보단 타인에게 나눔을 실천하는 일이 더 어렵다. 삶이 힘들 때마다 가정교사 시절을 떠올리며 초심을 되새겼다. 돌아보면 내 젊은 날의 뒤안길에 그 귀한 인연들이 늘 따뜻한 모습으로 손을 흔들고 있다.

발簾에 들다

　명주실 같은 빗소리가 방안을 넘나든다. 슬그머니 들어온 풍경소리가 차탁 옆에 좌정한다. 반쯤 내린 죽렴竹簾아래로 마루가 홀로 고요하다. 오랜만에 산사를 찾아 스님과 함께 차를 마시는 시간, 차향은 코끝으로 스며들고, 산 향은 마음을 적신다.

　대청마루에 길게 걸린 발은 시원함을 느끼게 했다. 세숫대야에 물 떠 놓고 발을 담그면 온몸이 서늘해졌다. 동네 어귀의 매미소리까지 어우러지면 무릉도원이 따로 없었다. 그럴 때면 어머니는 우물에 담가놓은 수박을 내어오셨다. 제대로 된 냉방시설을 갖추지 못했던 시절에는 그것 하나로도 그럭저럭 무더운 여름을 이겨냈다.

　발은 갈대나 대나무 또는 싸리로 엮는다. 주로 창문이나 방문과 대청에 걸어 햇빛을 가리거나 시선을 차단하는 데 사용한다. 가을에 농작물을 말릴 때도 쓰였다. 매듭을 곱게 꼬아 만든 건 치장용이었다. 이 밖에도 한지를 얇게 떠서 건조한 한지발, 붓을 말아서 가지고 다니는 붓발, 가마의 앞뒤와 좌우 창문에 늘이는 가마발도 있다.

뒷산 중턱엔 신우대가 무성하게 자랐다. 겨울이면, 할아버지는 가느다랗고 굵기가 비슷한 것을 골라 잘라 왔다. 잎이 붙은 가지를 떼어내고 마디를 다듬어 헛간에 보관해 두었다가 이듬해 봄에 꺼내 작업을 하셨다. 나는 곁에 앉아 만드는 과정을 신기하게 바라보았다. 마루에 앉아 며칠간 실로 엮으면 여러 개가 완성됐다. 장터에서 사 온 제품보다 세련미는 부족했지만 어딘지 모를 정겨움이 풍겼다.

여름이 오면, 할아버지의 수제품이 방마다 걸렸다. 기세등등한 햇볕도 그 앞에선 제 성깔을 반쯤 죽이고 수굿해졌다. 안방에서 할머니는 웃옷을 벗고 편안한 차림이었다. 돋보기를 끼고 해진 옷을 집고 모시 적삼에 빳빳하게 풀을 먹여 다듬이질했다, 어머니는 그 옆에서 조각조각 난 천을 모아 보자기를 만들거나 고치솜을 물레에 걸어 실을 뽑았다. 고부간 서로 마주 보며 도란도란 이야기를 나누시는 모습이 어린 내가 보기에도 좋았다.

사랑방에는 손님이 끊이지 않았다. 어르신들이 모여서 동네 대소사를 의논하셨다. 발 너머로 들려오는 말은 자세히 알아들을 수 없었지만 누구네 가족사나, 품앗이라든가, 농사일 같은 내용이었다. 가끔 시국을 걱정하는 이야기가 흘러나올 때는 목소리가 더욱 낮아졌다.

발에는 심리의 미학이 숨어있다. 나와 타자, 안과 밖, 이쪽과 저쪽을 구분하지만 결코 단절을 의미하진 않는다. 렴簾은 죽竹 밑에 렴廉이 위치한다. 대나무를 둘러놓고 그 사이로 살핀다는 뜻이다. 소통과 끊김이 적절하게 균형을 이루면서 언뜻언뜻 내비치는 공간으로 타인을 따듯하게 포용한다.

실루엣으로 나타나는 사물은 신비감을 불러일으킨다. 사람과 꽃, 나무와 산이랑 구름이 모자이크처럼 어우러지며 드러난다. 감추는 것 같아도 약간 보이는 은은함이 느껴져 친근감을 준다. 너무 선명하면 경외감은 사라지고, 흐릿하면 존재감이 왜곡되기 쉽다. 발이야말로 적당한 거리를 유지해서 사물의 실체를 만나는 도道가 있다고 하겠다.

어느 해, 통영의 공예전수교육관에서 제작 과정을 들은 적이 있다. 우선 겨울철 질 좋은 대나무를 골라 자른다. 통대를 쪼개어 표면을 잘 닦은 다음 왕겨에 묻어 둔다. 이듬해 봄에 겉대 껍질을 벗겨내고 속대를 발라낸 뒤 여러 등분으로 나눈 대살을 햇볕에 말리고 이슬과 서리를 맞히며 두어 달 건조한다. 이런 단계를 거치면 푸른색이 미색으로 바뀐다.

그런 후, 다시 실처럼 가느다란 대오리를 만들어 명주실로 엮는다. 하나를 완성하기까지 가늘게 쪼갠 이천여 개의 댓개비를 고드래로 묶는 작업이 수만 번 이루어진다. 문양을 넣고 술의 길이를 다듬으면 마침내 마무리된다. 그 일의 수고로움과 정성에 저절로 고개가 숙어졌다.

발을 제작하는 장인을 염장簾匠이라고 부른다. 대나무를 고르는 일부터 건조와 문양 넣기, 그리고 그걸 엮기까지 하나라도 소홀히 하면 실패하고 만다. 옛것을 고집하며 지키고 보존하려는 정신에서 그윽한 향기가 스미어 나왔다. 수더분한 그분의 인상에서 문득 할아버지의 모습이 스쳐 지나갔다.

가옥 구조가 아파트로 바뀌면서 발의 쓰임도 거의 없어졌다. 블라인드로 빛을 가리지만 아무래도 정서상 거리가 있다. 단순히 개인의 사생활 노출을 방지하거나 햇빛 가리개쯤으로 국한되어 의미가 협소해져 버렸다. 기계로 찍어 대량 생산된 제품에는 멋과 운치가 덜하다.

어린 시절, 여름 한낮에 발을 치고 누워 있노라면 온갖 소리가 들려왔다. 뒤란 대나무 숲에서 새들이 지저귀는 소리, 텃밭에서 여치 우는 소리, 후드득 지나가는 소나기 소리, 몽돌을 굴리는 파도 소리까지. 그런 소리를 들으면 마음이 한없이 고요해졌다.

　어느새 비가 그쳤다. 스님과 함께 댓돌 아래로 내려서니 보랏빛 수국이 잔잔하게 피어있다. 안개에 가린 산봉우리가 마치 발을 둘러친 것처럼 은은하다. 보이는 듯 감추어지는 풍경이 한 폭의 수묵화를 감상하는 느낌이다. 추녀 너머로 뻐꾸기 소리가 들려온다.

더 국수

무더워서 그런지 입맛을 잃었다. 오랜만에 친구들과 점심을 먹는 날이다. 메뉴를 정하지 못하고 우왕좌왕하는 사이, '더 국수'라는 간판을 보았다. 일행 중 한 명이 "더 준다는 건가?" 라고 말하며 앞장서서 성큼 안으로 들어갔다.

가게는 아담하고 깔끔했다. 서너 명의 직원은 모두 이순이 넘은 것 같았지만 앞치마를 두르고 머릿수건을 쓴 단정한 차림이었다. 자리를 잡고 앉아 메뉴판을 훑어보았다. 김밥, 제육 볶음밥, 라면, 샐러드 등과 몇 가지 음료를 갖추었다. 식사비를 지불하면 셀프 코너에서 반찬을 골라 먹을 수 있고, 콩국수를 제외한 모든 국수는 무한 리필 되는 구조였다.

이곳은 어르신들에게 일자리를 제공하기 위해 만든 사회공

헌사업장이었다. 보건복지부의 예산 지원으로 시니어클럽이 장소를 선정해서 상호를 정하고 시설과 집기를 마련해 영업을 허가받았다. 판매해 얻은 수익금은 점포 임대료와 재료비, 인건비를 비롯한 경비로 사용된다. 주메뉴로 면류를 택한 이유는 근처 공공기관 직원들이 선호하는 음식이기 때문이란다.

요즘 '더'를 붙인 낱말을 자주 본다. 더 국밥, 더 정치, 더 무비, 더 콘서트, 더 커피, 더 포럼, 더 홈 …. 명사 앞에 '더'를 붙여 고유명사를 만들었다. 영어의 'the'는 '그'를 뜻하지만 우리말 음인 '더'는 '추가'의 느낌을 준다. 국수가 특별하게 와닿은 순간이었다.

학교 교육을 마친 후 오랜 세월 나는 무난하게 살아왔다. 생활전선에서 오로지 앞만 향해 걸으며 경제적으로 자유로워지는 걸 목표로 삼았다. 주변을 의식하지 않고 편안하게 지내고 싶었다. 가끔 친구들과 밤늦도록 술잔을 기울이면서 어떻게 살 것인지 고민해 보았으나 선명한 답을 찾지 못했다. 더불어 사는 환경에서 마음에 없는 일에도 참여해야 할 기회가 가끔 주어졌다. 자의 반 타의 반으로 여러 단체에 몸을 담았다. 그럴 때, 헐렁한 옷처럼 불편한 경우도 있었다. 사회에 도움이 되면서도 내 가치관과 맞는지 회의가 들었다. 정작 자신을 위한 삶에는 소홀한 게 아니냐는 생각이 떠올랐다.

애나 메리 로버트슨 모지스는 76세에 그림을 시작하여 101세에 생을 마감할 때까지 1,600점을 그렸다. 평범한 농부의 아내였지만 남편이 죽고 자식도 5명이나 먼저 세상을 떠나자 수를 놓으며 외로움을 달랬다. 관절염으로 바늘을 들지 못해서 대신 붓을 잡았다. 그녀는 인생에서 너무 늦은 시기란 없다고 믿었다. 20세기 미국 화단에 충격을 안기고 국민화가가 된 것은 무엇보다도 자신이 가장 즐겁고 신나게 하고 싶은 일을 한 때문이었다.

일흔을 넘기며 이제까지의 삶과 다른 무엇으로 정체성을 확립할 수 있을까를 고민했다. 그러던 중 지인으로부터 수필 강좌를 소개받았다. 나는 한동안 망설이다가 글을 써보리라 마음먹었다.

문학의 길은 멀고 힘들게 느껴졌다. 끝이 보이지 않는 사막을 정처 없이 홀로 걷는 기분이었다. 때로는 포기할 생각도 했다. 약학도가 감성을 조율하려니 그 흐름이 덜컥거렸다. 하지만 턱을 깎고 모를 죽이며 거듭 다듬어 나갔다. 언어를 조탁하는 일은 수신修身과도 같았다. 낯선 곳을 어언 십 년이 넘도록 묵묵히 밟아 왔다. 계속해서 정진하는 게 스스로 가야 할 노정이라 여겨져 갈고닦았다.

칠곡군 문해학교는 한국전쟁 이후 이런저런 사정으로 배우고 싶어도 그럴 수 없었던 어르신들께 교육받을 기회를 주었다. 거기서 한글을 깨친 할머니 중 5명의 손글씨가 칠곡할매서체로 선정되었다. 소중한 우리 문화유산인 이 글꼴은 그녀들 이름을 땄으며, 이를 제작하기 위해서 한 사람당 2천 장의 종이에 연습했다고 한다. 고령임에도 불구하고 자신의 정체성을 획득한 이들이야말로 숭고한 삶을 산 것이리라.

 드디어 이름 앞에 '작가'라는 말이 붙게 되니 세상을 보는 시선이 달라졌다. 사물의 소리를 들으려 자세를 낮추고 미물에도 눈을 맞추었다. 문학은 내 생을 완성하는 마지막 퍼즐이었다. 그때부터 나는 이전보다 충만하게 살아간다.

 다른 식당에 비해 가격이 저렴하고 베테랑들의 손맛이 좋았다. 부드러운 손놀림과 상냥한 말씨는 고향을 찾은 듯 정감을 주어 포근한 마음이 들었다. 시니어들에게 일자리를 마련한 건 경제적 독립을 위해서지만 정작 그들에게 준 것은 자긍심이었다. 자식들에게 도움받지 않고 직접 벌어 쓰기에 더 당당해졌으리라.

 면을 먹는 동안 누구도 흉내 내지 못할 진심이 내게도 전해진다. 평범한 속에 묻히고 말았을 직원들의 손길이 분주하고, 편안한 얼굴엔 사명감까지 보인다. 그들이 '더 국수'에서 자신의 정체성을 찾았듯이 지금의 나를 있게 한 건 문학이 아닐까.

독자들에게 잔잔한 감동을 주고, 삶의 진실을 함께 나누는 일이야말로 진정한 '더 작가'의 정신이리라.

하이힐

화사한 봄빛이 창밖에서 손짓한다. 휴일을 맞은 거리는 사람들로 넘쳐난다. 짧은 치마와 형형색색의 하이힐이 유난스럽게 시선을 잡는다. 저마다 콧대를 세운 신발이 경쾌하게 거리를 걷는다.

힐의 역사는 고대 희랍까지 거슬러 올라간다. 그리스극의 아버지인 아이스킬로스가 무대 위의 배우들을 돋보이려 통굽 구두를 신겼다. 이후 말안장에 발을 거는 고리가 개발되면서 남성들도 이용했다. 오늘날 그 신의 유래는 16세기 초 베네치아 여인들이 거리의 오물을 피하기 위한 초핀이 시작이었다. 루이 14세는 수백 켤레를 구매해서 뽐내며 다녔다고 전해진다.

내 나이 스무 살쯤, 하이힐에 관심이 갔다. 초록이 짙은 유월의 주말 오후였던 것으로 기억된다. 버스 정거장에서 눈을 번쩍 뜨게 하는 여인이 나타났다. 큰 키에 무릎 위까지 트인 스커트에 빨간 구두 차림이었다. 한 발 한 발 옮기는 걸음은 우아했다. 저절로 가슴에 설렘이 밀려왔다. 여러 해가 지난 후에도 그때 보았던 모습이 각인되어 가끔 떠올랐다.

대학 시절, 학교 부근에서 잠시 자취한 적이 있었다. 세 들어 살던 곳은 사철나무로 울타리를 두른 집이었다. 좁은 도로변 바로 옆이라 자동차는 뜸했고, 행인도 드문드문 지나다녔다. 지붕을 함석으로 이운 길가의 단층 가옥인지라, 사람들 발걸음 소리가 방안까지 들려왔다.

사위가 어두워진 후, 또각또각 하는 소리가 고요한 골목에 들려오기 시작하면 가슴이 두근거렸고, 궁금증은 커졌다. 동그란 얼굴일까? 키는 훤칠할까? 긴 머리의 여인일까? 원피스를 입었을까? 온갖 상상이 머릿속을 맴돌았다. 기분이 뒤숭숭해졌고, 책 속에는 지난번에 보았던 여인이 어른거려 공부는 뒷전으로 밀려나기 일쑤였다.

유행의 첨단을 알려주는 하이힐은 세련미가 넘쳐 도시풍의 감각이 물씬 풍긴다. 매끈한 모양은 매혹적이라 청춘인 나의 감성을 부풀렸다. 언젠가 그런 여인에게 다가갈 기회가 오리라 믿었는지 꿈에 가끔 나타났다.

여자에겐 옷이며, 얼굴 화장 등이 모두 중요하다. 그중에서 구두는 패션의 완성이라고 해도 과언이 아닌 듯싶다. 스페인 출신의 유명한 어느 디자이너는 여성을 극적으로 변화시키는 소품으로 힐을 꼽았다. 이 말을 따랐는지, 맞선을 보는 날 뾰족구두를 신고 온 여인에 반해 결혼한 친구가 있다.

약학대학을 다녔던 4년 동안 우리 과 급우들은 약사 국가고시도 치러야 하기에 너나없이 공부에 온 힘을 쏟았다. 구십여 명 중에 여학생이 절반가량이었으나 모두 편한 신발만 선호했다. 여성이라면 예쁘게 꾸미고 싶겠지만 학업에만 몰두한 나머지 마음의 여유를 갖기가 어려웠으리라.

졸업식 날, 평소 수수한 성품의 여자 친구가 처음으로 하이힐을 신고 왔다. 비탈길을 걷다 중심을 잡지 못하고 뒤뚱거렸다. 아기가 걸음마를 배울 때처럼 오리걸음이었다. 그녀도 계면쩍은 듯 얼굴이 홍당무가 되어 주위를 두리번거렸다. 동료 남학생들은 모두 손뼉을 치며 "좋아, 좋았어." 하고 무안한 분위기를 바꾸어 주었다.

각선미를 살리는 신발은 여성을 더욱 세련되게 만들어 준다. 칼날처럼 뾰족하고 매끄러운 곡선은 발끝의 오묘한 감각을 드러낸다. 금방이라도 부러질 듯 높고 가는 굽은 보는 이의 마음을 조마조마하게 할 정도로 멋이 있다. 또각또각 울리는 소리가 악기에서 흘러나오는 선율 같다.

개성을 지닌 사람이 나는 좋다. 처음에는 다가가기 어렵지만 세월이 흐르면 자연 마음이 끌리게 된다. 옳다고 믿으면 자기의 소신을 함부로 굽히지 않기 때문이다. 내가 알고 있는 리더 중에는 고통을 받으면서도 의리를 지킨 의인들이 더러 있다. 그런 이들이야말로 힐처럼 품격을 지닌 분들이 아닐까. 곁에 머문다면 생활에 활력이 넘칠 듯싶다.

형형색색의 하이힐을 신고 걸어가는 여인들을 보니 설렜던 추억이 떠오른다. 그때 그녀는 어디에서 무엇을 할까? 지금 만난다면 옛 시절의 내가 되어 한마디 말이라도 걸고 싶다. 정말 매력적이었다고.

어떤 배려

　서울 월드컵경기장에서 우리나라와 카타르의 축구 경기가 열리고 있다. 내년에 개최되는 브라질 월드컵 아시아 지역 최종 예선전이다. 우리 선수들이 헛발질할 때마다 텔레비전을 보는 내 몸이 움찔한다.
　어느 해, 설을 맞아 어린 손자와 함께 집 근처 학교 운동장에 갔었다. 마침 초등학교 저학년쯤 되어 보이는 아이와 아버지가 공을 차고 있었다. 같이 하자는 말을 기대하며 그들 주위에서 서성거렸다. 우리가 함께하고 싶다는 느낌을 충분히 받았을 터인데 한참 동안 기다려도 눈길조차 주지 않았다. 아쉬운 마음으로 그만 발길을 돌렸다.
　집으로 오면서 축구하던 부자의 모습이 잊히지 않았다. 누구나 살아가는 입장은 다르지만, 타인의 마음을 헤아리는 인정은 있게 마련이다. 학생의 부친이 마음을 내어 또래들과 어울릴 기회를 주었다면 교우관계가 늘어나고 배려심도 키울 수 있었을 것이리라.

연전에 친구에게 들은 이야기다. 어느 청각장애인이 호주의 고등학교에 유학하러 갔다. 독순술讀脣術로 말을 알아듣는 처지지만 교사 중에 콧수염을 기른 분들이 있어서 입 모양을 알아보기가 어려웠다. 낯선 나라여서 하소연할 곳이 마땅치 않아 한동안 애간장을 태웠다. 그런 사정을 알아차린 선생님들이 면도를 말끔히 하고 교실에 들어섰다고 전해졌다.

추석이 되어 서울에서 손자가 내려왔다. 축구공을 들고 운동장으로 향했다. 한참 패스 연습을 하던 중 두 명의 어린 학생이 다가왔다.

"우리와 같이 놀면 안 돼요?"

지난 설의 아쉬움이 가슴에 남았던 걸까? 손주는 흔쾌히 고개를 끄덕였다. 손자와 내가, 그들 둘이 각각 한 조가 되었다. 거리가 매우 짧은 간이 축구장이었지만 선수가 적어서 오히려 더할 나위 없이 알맞았다.

경기 중에 서로 부딪혀 손자가 주저앉았다. 당장이라도 달려가 일으키고 싶었지만 조금 기다렸다. 곧이어 상대 학생이 손을 잡자 먼지를 훌훌 털고 일어났다. 나는 두 아이에게 엄지를 치켜들고 격려의 박수를 보냈다. 잠시 후, 상황이 뒤바뀌었지만 마무리는 같았다. 그렇게 챙겨 주면서 시합은 이어졌다.

필립의 이야기는 배려의 아이콘으로 유명하다. 어느 날, 온몸이 흠뻑 젖은 노부인이 비를 피하려고 백화점으로 들어왔다. 다른 종업원들은 외면했지만, 그는 부담 없이 쉬었다 가시라고 말하며 친절한 자세로 의자를 내어주었다. 두어 시간이 지나 비가 그치자 그녀는 그곳을 나갔다. 몇 달 후, 사장에게 감사 편지를 보낸 이는 놀랍게도 당시 미국의 재벌인 강철왕 카네기의 모친이었다. 그 작은 베풂으로 이 년간 매출에 해당하는 엄청난 이익을 얻을 수 있었다.

일본의 평범한 작가가 조그만 점포를 열었을 때, 장사가 너무 잘 돼 트럭으로 물건을 공급할 정도로 매출이 쑥쑥 올랐다. 그에 반해 옆집은 파리만 날렸다. 안타깝게 여겨 규모를 축소하고 손님이 오면 이웃 가게로 보내주는 경우가 잦았다. 시간의 여유가 생긴 그녀는 평소 마음에 둔 글을 본격적으로 썼다. 그 후 신문에 소설을 응모하여 당선되었는데 그것이 미우라 아야코의 『빙점』이었다.

어떤 배려는 필립이나 미우라 아야코같이 큰 파장을 몰고 오기도 하고, 콧수염을 깎고 따뜻한 정을 베푼 선생님들과 함께 공을 찬 손자처럼 잔잔한 기쁨을 가져다준다. 이렇듯 이타주의는 사소한 관심과 친절에서 출발한다. 역지사지易地思之의 자세로 상대방 입장을 헤아리면 되돌아오는 보답은 언제나 선한 것 같다.

이런저런 생각을 하는 동안 축구 중계는 마지막으로 치닫고 있었다. 본의 아니게 상대방의 다리를 걸어 쓰러뜨린 선수가 슬쩍 손을 내밀었다. 냉정한 승부의 세계라지만 그 이면에 담긴 따뜻함이 느껴졌다. 결과는 우리나라의 승리로 끝났다. 패배한 팀은 한 풀 기가 꺾인 듯한 모습을 보였지만 시합이란 이기거나 지기도 한다는 걸 잘 알 것이다. 넘어진 사람을 모른척 하지 않고 잡아주던 그 손길을 기억하는 한 내일 또 힘껏 뛸 기력을 회복하리라.

그런 배려의 정신으로 선수들이 모든 경기에 최선을 다하길 기대해 본다.

- 작품「하이힐」에서

제2부

달을 건지다

둥글다는 말은 여러 의미를 가진다. 어떤 일에 동의할 때 긍정의 표시로 동그라미를 그린다. 공간을 공평하게 나누는 두레상과 서열 구분이 없는 원탁처럼 평등을 상징하기도 한다. 다양한 생명을 잉태한 많은 씨앗과 알, 만물의 근원이라 일컫는 물방울도 마찬가지이다. 원을 인간과 자연이 구현할 수 있는 완전체로 인식한 종교에서는 이를 내면의 지향점으로 삼는다.

- 달을 건지다
- 밑삐
- 물꼬
- 위빠사나 명상
- 눈길
- 팽이의 잠
- 고운사孤雲寺에 취하다
- 술잔에 실린 비밀

달을 건지다

　세상의 축소판일까. 우연히 들른 전시장에서 수석들을 둘러본다. 날개를 파닥이는 새, 지느러미를 흔드는 물고기, 하얀 물보라를 일으키는 폭포, 벌이 윙윙거리는 국화…. 저마다 하나의 세계를 품은 채 좌정하고 있다. 삼라만상을 바라보는 기분이다. 그 가운데 자리 잡은 동그란 돌을 마주하자 기억 저편으로 밀어낸 달 하나가 떠오른다.

　어느 해 여름, 남쪽 지방으로 여행을 갔다. 섬을 잇는 바다는 우리가 도착한 후, 얼마 기다리지 않아 물이 빠지기 시작했다. 시나브로 길이 열리면서 반들반들한 것들이 알몸을 드러냈다. 가르마 타듯 펼쳐졌고, 별이 촘촘히 박힌 은하수처럼 보였다. 신발을 벗고 자박자박 걸으니, 동심으로 돌아간 기분이었다.

길쭉하거나 납작한 놈, 동글동글한 녀석들이 발바닥에 닿자 부드러운 감촉이 느껴졌다. 반쯤 건널 즈음 축구공 같은 모양이 눈에 띄었다. 하얗고 발그스레한 표면에 물빛까지 머금어 묘한 분위기를 풍겼다. 살며시 두 손으로 감싸들었다. 제법 무거웠다. 누군가 흔해빠진 돌덩이를 뭐하러 가지고 가느냐며 핀잔을 주었지만 포기할 수 없었다. 바닷바람을 쐬고 가볍게 돌아가리라는 예상은 빗나가고 말았다. 일행의 도움을 받아서 신고 오기까지 진땀깨나 흘렸다.

　막상 집에 들여놓고 보니 품이 아깝지 않았다. 며칠 동안 민물에 담가 두었다가 염분이 빠졌을 즈음 솔로 구석구석 닦아 쪽빛 좌대 위에 앉혔다. 거실 탁자 위에 얹자 집안에 둥근달이 둥실 떠올랐다. 보름엔 하늘의 만월까지 더해 더욱 은은한 분위기를 자아냈다.

　이름을 얻으면 생명을 얻는 걸까. 만월석이라 부르니 온기가 느껴졌다. 꽃무늬도 없고, 보석마저 박히지 않아 밋밋했다. 그래도 왠지 정감이 갔다. 지필묵 벗 삼으면 문향에 물들 듯, 머리맡에서 비춘다는 생각만으로도 마음이 둥글어지는 것 같았다. 하지만 시간이 지나면서 초심도 빛이 흐려져 수년 전에 이사하면서 창고에 넣어둔 채 잊고 말았다.

　인생길을 걷다 보면 많은 걸 만난다. 발부리에 차이는 돌멩이, 길섶에 숨어 존재를 알리는 풀벌레, 개성이 제각각인 사람까지…. 대부분은 그냥 스쳐 가지만 어떤 관계는 인연으로 이어진다. 머리를 식히려고 떠난 여행에서 바다에 잠겨있던 보름달을 건진 의미는 무엇일까.

초등학교 때부터 대학에 이르기까지 나는 부모님으로부터 꾸지람을 많이 듣지 않은 편이었다. 중학교 다닐 적에 새벽 6시 30분 전에는 출발해야 할 만큼 통학 거리가 멀어 가끔 불만을 털어놓았을 뿐, 트집이나 짜증을 낸 기억도 없다. 그러나 학업을 마치고 가게를 열었을 적에는 달랐다. 까다로운 손님에게는 선인장 가시처럼 까칠한 성질을 감추기 어려웠다. 영업하려면 누구든 끌어안아야 하건만, 순간의 감정을 추스르지 못해 거래처 직원과도 가끔 언쟁을 벌였다.

사는 건 언제나 만만치 않았다. 세파에 이리저리 휩쓸리면서 부딪치고 깨지는 경우도 많았다. 힘센 이에겐 몸이 밀렸고, 칼날 같은 사람과 만나 가슴을 베였다. 비명을 지를 적마다 마음에 멍이 들었고, 생활전선에서 살아남기 위해 안간힘을 썼다. 그러나 이런저런 관계를 맺어가려면 스스로 모서리를 죽일 수밖에 없었다. 더구나 가정이라는 원圓을 품고 가족을 지키려면 안팎으로 원만해져야 했다.

세상을 보는 눈이 조금 트였을 무렵, 적십자에 몸을 담았다.

모나거나, 둥글거나, 크고 작은 사람…. 생각이 다양한 멤버들과 봉사하는 방법을 두고 견해가 다른 경우도 있었다. 하지만 다들 공동체라는 커다란 원 안에서 남을 위해 자신을 내려놓았다. 나 또한 그러한 뜻에 맞추기 위해 각을 안으로 밀어 넣으려고 애썼다. 구성원 모두가 대승적인 가치 안에서 화합하며 일을 원만하게 풀었다.

돌인들 다르랴. 짜디짠 염분에도 묵묵히 견디며 내면을 다졌으리라. 달을 보면서 둥글어지는 꿈을 꾸었는지도 모른다. 모퉁이를 없애고 울퉁불퉁한 몸을 갈아 어느새 만월처럼 완만해졌을 것이다. 끝 모를 인고의 시간을 위무해 주려는 듯, 잔잔한 물결이 표면을 잘박잘박 쓰다듬었으리라.

둥글다는 말은 여러 의미를 가진다. 어떤 일에 동의할 때 긍정의 표시로 동그라미를 그린다. 공간을 공평하게 나누는 두레상과 서열 구분이 없는 원탁처럼 평등을 상징하기도 한다. 다양한 생명을 잉태한 많은 씨앗과 알, 만물의 근원이라 일컫는 물방울도 마찬가지이다. 원을 인간과 자연이 구현할 수 있는 완전체로 인식한 종교에서는 이를 내면의 지향점으로 삼는다.

인생길 수십 고개를 넘는 동안 숱하게 달이 뜨고 졌다. 차고 이지러짐을 보면서 잔잔한 감회에 젖는다. 지구는 수십억 년 동안 자전하며 완전체에 가까운 원을 이루었다. 돌도 덜컹거리고 구르며 둥글어진다. 시간이 지나고 나서 생각하니 내 삶도 모난 자아를 갈고닦는 여정이었다. 나 또한 지구라는 둥근 세상에 내려온 행자行者이기에.

집으로 돌아와 창고 문을 여니 취미로 모아둔 옛 물건이며, 버리기 아까워 보관해 둔 것들이 뒤섞여 있다. 구석에서 세월의 먼지를 뿌옇게 덮어쓴 만월석을 찾아 말끔하게 씻자 다시 달이 은은하게 빛난다. 원을 그리는 행위는 엄격한 자기 수련이며, 동그라미는 깨달음의 완성이자 내면의 본모습이라고 했다. 오래 곁에 두고 본다면 나도 점점 닮아가리라.

우연히 들른 전시장에서 수석들을 둘러본 게 잘한 거 같다. 돌을 바라보는 마음의 수평선 위로 따스한 보름달이 떠오른다.

밀삐

 토우가 뚜벅뚜벅 걸어온다. 등 뒤엔 커다란 항아리가 얹혀 있다. 둥글게 흘러내리는 얼굴엔 슬쩍 엷은 미소가 번진다. 팔을 뻗고 무릎을 약간 굽힌 채 힘차게 걷는 모습이 이제 막 집으로 돌아오시는 아버지 같다. 용강동 고분에서 발견된 '지게를 진 인물상'이다. 잘려 나간 왼쪽 팔은 필시 끈을 단단히 움켜쥐었으리라.

 지게를 지고 다닐 수 있도록 하는 어깨끈이 밀삐다. 평형수가 선박의 균형을 유지하듯 흔들리지 않게 잡아주고 무게를 떠받치는 역할을 한다.

 시골의 삶은 다들 척박했다. 논밭이 적었고, 그마저 땅 힘이 약해 대다수 사람이 풀뿌리 죽으로 끼니를 때웠다. 더벅머리

같은 초가지붕 아래 아이들은 왜 그리 줄줄이 많은지. 뉘 집 할 것 없이 굶주림에서 벗어나는 일이 먼저였다. 삼 형제 중 둘째였던 아버지는 스무 살 초반에 혈혈단신 오사카로 떠났다. 잔심부름부터 닥치는 대로 잡일을 하다 어렵사리 전기회사에 들어갔다. 하지만 심한 교통사고를 당해 수 년여 만에 돌아오셨다.

고향에 정착한 후에도 덜 아문 상처와 정신적 고통으로 여러 해 동안 고생을 겪었다. 어느 정도 회복이 된 다음 일본에서 모아온 돈으로 운반선을 한 척 마련하실 수 있었다. 연안 화물을 싣고 나르는 선박은 전 재산이나 다를 바 없었다. 추운 겨울 어느 날, 부산에서 묵호로 짐을 싣고 가는 도중 풍랑을 만나 좌초당하는 사고가 일어났다. 부친과 선원들은 간신히 몸만 바위에 올랐다. 마을 사람들의 헌신적인 도움으로 겨우 목숨은 건졌지만 집안 형편은 난파선처럼 기울어지고 말았다.

어릴 적 우리 집엔 지게가 넷이나 되었다. 아버지, 형, 나와 동생이 각각 하나씩 지녔다. 요즘은 경운기를 비롯한 농기계들이 많으나 그때는 그게 없으면 농사를 짓지 못했다. 방학이나 휴일이 되면 어김없이 집안일을 거들었다. 나뭇짐을 옮기거나 논밭에 퇴비를 낼 때, 추수한 농작물을 거두어들일 적에도 요긴하게 쓰였다.

어느 날, 마당에서 타작한 보리를 옮기기로 마음먹은 순간이었다. 평소보단 좀 무거운 무게였으나 식구들에게 대견스럽게 보이고 싶은 욕심이 슬며시 생겼다. 쪼그리고 앉아 밀삐를 단단히 붙잡은 다음 일어서려다 그만 나동그라지고 말았다. 한 포대도 감당하지 못하는데, 부친은 그처럼 힘에 부치는 짐을 짊어진 채 어떻게 평생을 살아내셨을까 싶었다.

사진 속 토우가 황금색으로 빛난다. 항아리를 짊어진 인물상의 모습이 편안하게 느껴진다. 그 속엔 가족의 끼니가 될 곡식이 가득 찼겠다. 자세히 보면 몸과 지게가 밀착되어 거의 빈 틈이 없다. 둘이 서로 의지하면서 평생을 동고동락했기 때문일 것이다.

화물선 사건이 있고 난 뒤, 아버지는 부산으로 내려가 간신히 일자리를 얻었다. 오징어와 명태 등의 건어물을 일본으로 수출하는 회사의 창고지기였다. 겨울에는 난방이 형편없었고, 식사와 잠자리도 변변찮았다. 해상 사업의 미련 때문인지 그렇게 번 돈으로 멸치잡이 목선을 한 척 샀다. 몇 해 동안 운영하였으나 이 역시 소득이 적어 접고 말았다. 보통학교를 나와 한학을 공부한 당신은 농사는 물론 사업도 제대로 해내지 못하셨다.

설상가상으로 어느 해 형이 맹장염 수술을 받았다. 요즈음 같으면 큰 병도 아니겠으나 그때는 의료 수준이 지금에 비하면 열악했다. 지방의 경우는 훨씬 나빴다. 세 번이나 수술한 후 건강은 어느 정도 회복되었으나 의료보험 제도가 시행되지 않을 시기라 꽤 많은 치료비가 들었다. 가뜩이나 어려운 가계는 잘못 진 짐처럼 더욱 기울어졌다.

아버지는 해가 갈수록 병원 신세를 지는 날이 늘어났다. 사고로 다친 부위가 자주 헐었고, 감기를 비롯한 잔병도 수시로 찾아왔다. 그러는 중에도 정작 당신은 성하지 못한 몸으로 거름을 옮기고, 김을 매고, 장작도 마련해야 했다. 급기야는 쓰러져 자리보전할 때까지 잠시도 쉴 틈이 없으셨다.

부친은 삶의 무게에 짓눌려 몇 차례나 넘어졌다. 이국에서의 교통사고와 화물선 난파, 멸치잡이 어선의 불황으로 실패의 연속이었다. 하지만 가족에 대한 책임감은 결코 벗어버릴 수 없었다. 비틀거리다 쓰러지면 오뚝이처럼 다시 일어섰다. 어깨끈을 단단히 매고 작대기로 힘차게 딛고 앞만 보며 걸었다. 드디어 짐을 내려놓았을 때 몸은 죄다 해지고 뭉그러졌어도 후회하지 않으셨다. 우리는 당신의 희생으로 무사히 잘 자랐고, 나름대로 사회에서 제 역할을 할 수 있었다.

밀삐가 무거운 것만 진 건 아니었다. 가끔 나뭇짐 위에 진달래나 찔레와 청미래덩굴을 꽂아왔다. 어떨 땐 어른 팔뚝보다 굵은 칡을 얹거나 개암을 주렁주렁 매달아 오곤 했다. 일이 없어 쉴 적에는 어린 우리들을 태우곤 마당을 몇 바퀴씩 돌아주었다. 팍팍한 삶의 한가운데를 힘겹게 지나가면서도 노동을 놀이로 바꾸는 여유도 있으셨다. 나는 커서 아버지처럼 살아야지 하면서도 실패만큼은 되풀이하고 싶지 않았다.

살면서 어려울 때마다 부친의 음성이 들리곤 한다.

"애야! 누구든 자신만의 짐을 지고 한평생을 살아간단다. 삶은 무겁지도 가볍지도 않지. 다만 요령이 있어. 몸의 중심을 한 곳에 집중한 후 긴장을 계속 유지해야 한다. 먼저 어깨끈을 단단히 매고 무릎을 굽혀야 하는 법, 넘어질지 두려워 일어서는 걸 절대 포기하지 마라. 경사진 곳보다 평지가 더 힘이 든단다."

'지게를 진 인물상'을 바라보니 아버지의 눈물과 한숨, 기쁨이 생각난다. 한시도 등에서 삶의 무게를 내려놓은 적이 없으셨던 당신은 토우가 아니었을까? 자꾸만 느슨해지려는 밀삐를 다잡으며, 다리에 불끈 힘을 주고 내일을 향해 힘차게 한 발을 내딛는, 뭉툭한 손 하나가 슬며시 내 등을 토닥인다.

물꼬

 과일 수확을 위해 들녘으로 나갔다. 밭 아래 논에서 이제 막 수문水門을 연다. 모내기가 끝나고 나서 이식한 모 뿌리가 자리를 잘 잡았다. 보온을 위해 물을 깊게 대주어야 할 순간이다. 막아놓았던 길을 틔워주자 시원스레 안쪽으로 들어간다. 유월 농촌 들녘은 물꼬 관리로 활기를 띤다.
 물길이라고도 하는 이것은 논에 물을 대거나 빼기 위해 논두렁에 만들어 놓은 좁은 수로를 가리킨다. 흔히 위쪽에서 물을 받고 아래로 내보낸다. 어떤 일을 시작하거나 처음 상거래를 할 때도 물꼬를 텄다고 말한다.
 초등학교에 다닐 때였다. 집에서 1킬로 정도 떨어진 지점에 논이 있었다. 산 아래 외진 곳이라 사람들의 왕래는 거의 없고 해가 빨리 떨어졌다. 아버지는 가끔 논물 관리를 위해 심부름을 시키셨다. 천둥이 치고 곧 비가 쏟아져 내리기 직전 어느 날이었다. 어둑어둑한 길을 헤치고 거기로 달려갔다. 늦지 않게 물이 빠져나갈 통로를 터주기 위해서였다.

물꼬를 잘 보는 일은 한 해 농사를 가름할 정도로 중요했다. 부친은 들에 나가며 아침을 열었고, 논이 마르지 않은 지를 살피며 저녁을 닫으셨다. 모내기하고 나면 신경은 언제나 물 챙기기에 쏠렸다. 조금씩 바닥이 드러나기라도 할라치면 지체 없이 조치해야 하기 때문이었다. 이웃과 논두렁을 함께 맞대고 있어서 두 집이 번갈아 댔다.

논에 물을 대고 빼는 일 못지않게 적절히 대처하는 것도 소홀히 할 수 없다. 모가 한창 자랄 때는 넉넉하게 넣어야 하고, 벼꽃이 피고 난 후 욕심내면 뿌리가 썩어 한 해의 결실을 망치고 만다. 장마철에 수로를 틔우는 건 토지 유실을 막는 데 필수적이다. 어디 농사만 그러할까. 자식의 길을 잘 여닫아 준 아버지도 삶의 물꼬가 되어주셨다.

우리 동네는 200호 정도인 제법 큰 마을이었으나 너나없이 가난하고 힘들게 살았다. 대학에 보낼 형편이 되었던 집은 겨우 서너 손가락 안에 꼽힐 정도였다. 친구들 대부분은 초등학교를 졸업하고 농사를 짓거나 파도가 심하게 치는 날에도 고기잡이를 나갔다. 아버지는 내 물꼬를 열기 위해 허리띠를 졸라매고 나를 공부시키셨다.

당시는 밤 12시부터 통행금지가 시행 중이던 시기였다. 우리는 제사를 자정에 지냈기에 가족들이 귀가하다가 경찰에 적발된 경우도 겪었다. 그러자 부친은 결단을 내려 조상님은 영명하시어 초저녁에 모셔도 잘 찾아오실 거라며 시간을 바꾸었다. 우리 마을에는 우물이나 변소 같은 웅덩이를 메우지 않는 풍습이 오래전부터 전해왔다. 집을 몇 평 정도 증축하려 할 때 재래식 화장실을 손대야 하기에 망설임이 컸다. 그때 당신은 종이에 붓으로 '대통령 명령'이라고 쓴 방을 붙이셨다. 덕분에 꺼림칙하던 마음이 사라지고 공사를 무사히 마쳤다.

아버지는 당신이 가두어 둔 물꼬를 틔워 나를 세상 속으로 잘 흘러가게 하셨다. 물려받은 물길을 아우에게 열어주는 건 내 몫이었다. 동생은 대학교 입학시험에 합격하고도 집안 형편이 어려워 등록을 할 수 없었다. 약국을 개업하고 2년 후에 공부를 시키게 되었다.

'교주고슬膠柱鼓瑟'은 비파나 거문고의 기러기발을 아교로 붙여 놓아 음조音調를 바꿀 수 없어서 한 가지 소리밖에 내지 못함을 뜻한다. 고지식하여 융통성이 지나치게 부족하거나 규칙에 얽매여 변통하기 힘든 사람을 일컬을 때도 쓴다. 그 이야기를 들으면 나를 가리키는 말 같아 뜨끔해진다.

나이가 들면서 생각이 자꾸만 고착된다. 새로운 시도를 하기보다는 경험에 의지해 일을 처리하는 경우가 많아졌다. 그러다 보니 급변하는 세상을 따라가지 못해 자주 소통에 어려움을 겪는다. 어쩌면 내 판단은 젊은이의 입장에서 본다면 비효율적일 수도 있다. 물꼬를 열 듯 참신한 건 받아들이고 낡은 것은 흘려보냄이 필요하리라.

얼마 전에 척추관협착증이라는 진단을 받았다. 물길이 막히듯 신경이 지나가는 공간이 매우 좁아졌다. 어쩐지 몸과 생각이 굳어진 탓인지 마음이 편치 않았다. 통로를 넓혀주기 위해 튀어나온 뼈를 깎아내고 나달나달해진 인대와 디스크를 깨끗하게 긁어내는 수술을 했다.

예나 지금이나 소통은 시대를 관통한다. 한 가정이나 나라가 제대로 서기 위해서는 사람 간의 관계에 장벽이 없어야 된다는 뜻이리라. 아궁이의 불도 바람이 통하지 않으면 연기를 역류시키고 하천의 바닥도 찌꺼기가 많으면 제 길을 벗어난다. 다행스럽게도 치료가 잘 이루어져 당일부터 걸을 수 있었지만 재발을 막기 위해 온 힘을 기울여야 할 일이 과제로 남았다.

아버지 덕분에 지게에서 벗어나 약사의 길을 걸을 수 있었다. 그렇지 않았다면 힘들게 살며 자녀들의 학비 마련조차 어려웠으리라. 당신께서 물꼬를 터주셨기에 지금의 삶이 가능해졌으므로 큰 행운이다.

    과일 수확을 끝냈다. 돌아오는 길에 이웃집 논의 물길을 보니 막힘없이 잘 들어간다. 빠른 유속에 흔들리면서도 벼는 의연히 자리를 잡고 있다. 물소리가 마치 함성을 지르는 듯하다. 분주히 움직이는 사람들을 바라보는 사이, 푸른 들판이 눈앞에 펼쳐진다. 올해도 풍년이 들겠다.

위빠사나 명상

　새해가 밝았다. 이맘때면 누구나 가슴속에 소망 하나쯤 품는다. 나도 몇 해 전부터 마음에 담아온 명상을 올해는 꼭 해보기로 결심했다. 이리저리 부대끼며 사느라 몸이 지쳐 쉬엄쉬엄 사는 지혜를 얻기 위해서였다. 바라던 대로 열흘간의 일정이 잡혔다.

　일행을 태운 차는 한 시간 넘게 달려 산기슭에 자리한 수련원에 다다랐다. 호수가 바라보이는 곳에 있어 안온했다. 가지고 온 모든 소지품을 맡기고 배정받은 독방에 들어서니 이불장 외에는 아무것도 없었다. 입은 옷과 여벌의 속옷, 그리고 세면도구가 전부였다. 지금까지 살아오면서 그토록 단출한 몸가짐은 처음이었다.

새벽 4시, 시작을 알리는 종소리가 은은하게 들려왔다. 밖에는 함박눈이 온 산천을 하얗게 덮었고, 산속 공기에 코끝엔 얼얼한 기운이 맴돌았다. 첫날 서설을 보니 마음이 차분해졌다. 외부와 완전히 차단된 연수원의 규칙은 엄해서 신체 접촉, 몸짓, 눈짓도 허락되지 않았다. 식사는 하루 두 끼, 채식으로 아침엔 멀건 죽이 나왔고, 점심은 허기를 때우는 정도의 밥이었다. 언뜻 배 속이 비어야 정신이 맑아진다는 말이 생각났다.

'위빠사나 명상'이란 사물을 있는 그대로 본다는 뜻이다. 자신을 성찰함으로써 스스로 정화해 모든 불행의 원인이 되는 탐욕, 성냄과 어리석음을 없애는 수련법을 말한다. 반가부좌를 하고 앉아서 온종일 정신을 집중했다. 어깨, 허리, 옆구리에 형언하기 어려운 통증이 밀려왔다. 밤 아홉 시가 넘어서야 잠자리에 들었다.

다툼이 생기거나 예기치 못한 일이 생길 때, 빠르고 거친 숨을 쉬지만 자연스러운 상태로 돌아오면 진정된다. 생각의 집중을 위해 호흡을 명상의 도구로 삼았다. 처음 사흘 동안은 고요하고 평온한 마음으로 눈을 감은 채, 코와 윗입술의 삼각형 범위만을 관찰하라고 일러 주었다. 놀랍게도 삼 일째 접어든 날 콧등에서 처음 느껴보는 감각이 나타났다. 무상을 가슴에 새기며 완전한 평정심을 가지고 머리에서 발끝까지 기민하고 주의

깊게 수련에 들자, 온몸의 살결에 시원한 바람이 스치는 듯한 청량감이 번져갔다.

나흘째, 처음으로 환상이 고개를 치켜들었다. 정수리에서부터 깨끗한 액체가 흘러내리고 눈썹에는 이슬처럼 물방울이 맺혔다. 마치 마른 논에 물이 골고루 퍼져나가는 모습이었다. 발까지 내려와 거무스레한 색으로 바뀌었으나 이상하게도 냄새는 없었다. 또한 몸은 암갈색의 보석으로 덮였고, 금으로 된 옷도 입고 있었다. 환각 상태에 든 듯 황홀한 기분이 들었다.

지도 법사는 환상이 나타나면 잠시 쉬라고 일렀다. 곧이어 망상은 사라졌지만 이제는 온갖 잡념들이 펼쳐졌다. 허황한 욕심, 터무니없는 공상, 고뇌, 질투, 시기, 열등감, 억울함, 배신감, 미움과 원망이 꼬리를 물고 밀려왔다. 그때마다 주문을 외우듯 '명상 중, 명상 중'이라며 중얼거렸으나 번뇌는 멈추지 않았다. 탐욕과 성냄, 어리석음이 칡넝쿨처럼 온몸을 칭칭 감고 있다는 증거였다. 이제까지 말로는 비우고 싶다 하면서도 부풀린 풍선처럼 늘 채워만 갔다.

물질이 풍요로우면 잘 사는 줄로만 알고 살아왔다. 들판의 무성한 잡초처럼, 헤아릴 수 없는 욕심 때문에 찌든 속 더께를 뱀 허물 벗듯 버리기는 쉬운 일이 아니었다. 하지만 언젠가는 모두 두고 떠나는 게 우리들 인생이 아닌가. 게다가 모른 척 넘어가도 되는 사소한 일에 참지 못하고 버럭 화를 내거나, 빈 깡통 소리같이 잘난 척 떠들고, 어리석게 행동한 경우가 가끔 있었다. 부정적인 생각의 첫 희생자는 바로 자신이고, 긍정적인 감정의 처음 수혜자도 본인이라는 점을 깨달았다.

끝나는 날, 인도 어느 감옥 죄수들의 '위빠사나 명상'을 보았다. 처음에는 한 간수의 추천으로 하게 되었으나 뜻밖에 반응이 좋아 모든 교도소에 확대 시행 중이다. 참가한 수인囚人들은 동료들을 따뜻한 눈길로 서로 보듬어 주며 수감생활에 모범적인 모습이었다. 더욱이 출소 후 재범률이 상당히 줄었단다. 그들은 한결같이 회한의 눈물을 글썽거렸다. 다시는 그러지 않겠다는 결심을 토로하는 장면을 목격했을 때는 나도 눈시울이 뜨거워졌다.

시인 데이비드 사이먼은 『나를 위한 행복한 구속, 다짐』 중에서 내면의 평화를 최우선 순위에 두라고 읊었고, 셰익스피어도 마음이 먼저라는 말을 남겼다. 하루살이처럼 잠깐 머물다 가는 게 인생이지만 정작 그 사실을 잊는다. 세상사에 지나치게 집착 말고 여유를 가지면 더 나은 삶을 살지 싶다. 오래전부터 답은 내 안에 있었다. 매일매일 짬을 내어 꾸준한 명상으로 나를 다스려야겠다. 생각에 따라 행복과 불행도 달라진다는 가르침을 가슴 깊이 새기면서.

열흘간의 수련은 내 안에 덕지덕지 붙어있는 찌꺼기나 응어리를 스스로 도려내야 한다는 것을 일깨워 주었다. 이젠 조금씩 버리며 살리라. 내려오는 산길, 몸이 홀연히 가벼워진다.

눈길

오랜만에 가족이 불고기 식당에서 저녁을 먹는다. 아이들은 배가 고픈지 열심히 젓가락질하고 있다. 작은 입을 연신 움직이며 오물거리는 모습을 보니 마음속에 잔잔한 행복이 스며든다. 식사가 거의 끝나갈 무렵 후식이 나올 때였다. 여섯 살인 손자가 수줍은 목소리로 말했다.

"할아버지! 좀 더 시켜주시면 안 되는지요?"

애교 넘치는 눈빛으로 바라본다. 그 표정이 너무나 사랑스러워 금세 고개를 끄덕였다.

눈이 마주칠 때면 상대방의 내면이 읽힌다. 가까운 친구는 물론, 모르는 사이라도 서로 마주하면 속마음을 어느 정도 알 수 있다. 무슨 생각을 하는지, 나에 대한 감정은 어떠한가를 대략 짐작하게 된다. 마음의 창이란 말이 그래서 생겨났으리라. 아이들을 바라보면 한없이 편안해진다. 그들의 순수함이 고스란히 전해지기 때문이다.

석가모니가 영산화상에서 연꽃을 들어 보이자, 팔만이나 되는 대중 속에서 오직 가섭만이 그 뜻을 알고 미소 지었다는 데서 염화미소란 말이 유래했다. 소통과 공감을 얘기한 것이지만 부처님의 자애로운 눈빛을 보면 누구든 편안한 감정을 느낀다.

할머니 눈길은 봄볕 같았다. 명절 때마다 아버지를 따라 큰댁에 가면 나를 보는 잔잔한 미소가 얼굴에 넘쳐났다. 흐뭇해하는 감정은 내 가슴속까지 따뜻하게 전달되어 왔다. 그즈음 시골에는 간식거리가 별로 없었다. 추석에는, 손자가 오면 주려고 도사리 땡감을 뒤주에 넣어 두었다가 말랑말랑하게 익혀서 내놓으셨다. 무엇이든 해주고 싶어 하는 마음은 지금까지도 잊히지 않는다.

눈빛은 상대를 위축시키거나 생기를 불어넣으며 힘이 넘치게도 한다. 어느 학자가 식물 역시 감정을 느끼는가를 실험한 적이 있었다. 꽃나무 한 그루는 사랑으로 가꾸고, 다른 포기는 미운 마음으로 키웠다. 몇 달이 흐른 후 확연한 차이가 나타났다. 애정을 준 화초는 고운 꽃을 활짝 터뜨리고 싱싱한 자태를 보였지만, 차갑게 대한 것은 시나브로 말라 죽어 버렸다.

큰딸이 초등학교에 다닐 때, 애완견을 사달라며 졸랐다. 무슨 병이라도 옮길까 싶어 주저했다. 하지만 자식 이기는 사람 없다는 말처럼 결국 백기를 들고 말았다. 아이 마음에 드는 예쁜 개를 데리고 와 '포미'라는 이름을 붙였다. 그 조그마한 녀석도 관심 정도에 따라 대응이 달랐다. 자기를 싫어하는 내게는 아예 눈길을 주지 않았다. 그뿐 아니라 애를 꾸중하는 피아노 선생님에게 마구 짖어대며 달려들었다.

빈센트 반 고흐의 「감자 먹는 사람들」은 농부 가족이 둘러앉아 저녁 식사를 하는 풍경이다. 그림 속의 인물들은 하루 일을 마치고 어스름한 램프 불빛 아래서 묵묵히 끼니를 때우고 있다. 노동으로 손은 투박하고 식탁은 빈약하지만, 서로를 그윽하게 바라보는 눈빛엔 사랑이 충만하다. 어쩌면 그들은 팍팍한 현실과 피로를 위로받으며 다시 내일을 살아갈 힘을 얻는지도 모른다.

눈부처란 말이 있다. 눈동자에 비치어 나타난 사람의 형상을 뜻한다. 굳이 그렇게 이름을 붙인 이유는 서로 주고받는 눈길의 따뜻함 때문일 것이다. 작은 입을 연신 오물거리며 맛있게 먹고 있는 손주를 눈에 넣어도 아프지 않으리라. 호수처럼 맑은 동공 속의 내 모습이 동인瞳人으로 비치길 소망하며 아이들을 바라본다.

팽이의 잠

　민속촌 마당에서 아이들이 팽이를 돌리고 있다. 처음인 듯 어른의 도움을 받아 가면서 열심이다. 줄을 감고 재빨리 바닥에 놓아 돌려보지만 뒤뚱거리며 자리를 잡지 못하고 금방 쓰러지고 만다. 아쉬운 탄식을 뱉으면서도 포기하지 않고 다시 시도한다.

　어릴 적, 농촌의 겨울은 농한기였다. 어른들이 새끼를 꼬거나 가마니를 짜며 시간을 보내는 동안 우리는 팽이를 치고 썰매를 타며 놀았다. 팽이는 관솔이나 대추나무처럼 무겁고 단단한 재질을 깎아 만들었다. 아버지는 소나무 가지를 베어다 두 달쯤 말린 후, 적당한 크기로 잘라 칼로 모양을 다듬은 후 사포질로 거친 표면을 고르게 손질했다. 그런 다음 얼음판에서도 쉬 닳지 않고 오래 돌도록 끝부분에 못을 단단히 박으셨다. 마지막으로 대장간에 가서 못대가리를 잘라내고 둥글게 갈면 완성되었다.

우리가 가지고 놀던 팽이 종류는 여러 가지였다. 삶의 빛깔이 제각각이듯, 빚은 사람에 따라 모양과 크기가 모두 달랐다. 어떤 아이는 곡식의 부피를 재는 도구인 말과 닮은 말팽이를, 다른 애는 홈에 줄을 감싸서 노는 줄팽이를, 아랫집 동생은 아래위를 뾰족하게 깎은 장구팽이를 들고 다녔다. 간혹 끝을 얇게 만들어 나무 심을 박은 바가지팽이도 보였다.

팽이는 겨울에 언 논이나 저수지 빙판에서 칠 때가 제맛이었다. 시린 손을 호호 불면서 해지는 줄도 모르고 놀았다. 여럿이 시합할 때는 가장 오래 도는 쪽이 이기며, 서로 부딪쳐서 끝까지 살아남아야 승자가 된다. 정해진 지점까지 누구 것이 먼저 돌아오는지를 겨루었다. 숙달된 친구들은 채찍을 세게 때려서 멀리 날려 보냈다. 공중으로 떴다가 땅에 떨어져서도 힘차게 움직이게 하는 기술은 거의 묘기에 가까웠다.

채는 주로 싸리나무나 닥나무 껍질을 벗겨 가늘게 찢어서 무명실로 끈을 달아 만들었다. 허리를 정확하게 때리면 빠르고 오래 회전하게 된다. 속도를 얻으면 어느 순간 머리를 흔들지 않고 한자리에 박힌 듯 고요하게 도는데 이걸 '팽이의 잠'이라고 한다.

팽이가 잠을 잘 자기 위해서는 일정 궤도에 이를 때까지 쉼 없이 채찍을 맞는다. 어디 그뿐이랴. 아름드리나무는 모진 비바람을, 봄꽃은 혹독한 겨울을 잘 이겨내야 한다. 천 년을 거뜬히 넘긴 석탑도 무수한 망치질을 견뎠기 때문이리라.

내남없이 힘든 시절, 단짝인 친구는 가난한 삶을 살았다. 무려 열 명에 달하는 대식구였지만 농토는 적었고, 아버님은 말단 공무원으로 시골에서 평생 근무하며 가족을 부양하셨다. 어려운 형편에서도 그는 공과대학을 졸업했다. 그 후 직장에 다니게 되면서 매달 꼬박꼬박 월급이 들어와 찌든 살림에 조금씩 서광이 비쳤다.

얼마 지나지 않아 부모님이 돌아가시자 맏이인 그는 가장이 되었다. 봉급으로는 한계가 있다고 생각해 빚을 내어 건설회사를 설립하고 밤낮으로 현장을 누볐다. 공직 생활에서 쌓은 경험과 주변의 도움으로 사업은 성장 가도를 달렸다. 그즈음 동생들도 어느 정도 자라서 각자 밥벌이할 능력을 갖추었다.

한 아이의 팽이가 비실거리며 쓰러지려 한다. 잘 돌아가면 얼마나 좋을까. 손에 땀이 난다. 안타까워 바라보는 순간 소년이 채를 단단히 쥐고 정확하게 옆구리를 때린다. 몇 번 뒤뚱거리다가 다시 중심을 잡는다.

그리스 시인 호머는 『일리아드』에서 트로이의 몰락을 '마지막에 가까워져 비틀거리는 팽이처럼 휘청거렸다'라고 썼다. 팽이가 회전력을 유지하기 위해선 계속해서 채를 내리쳐야 한다. 그 가혹한 고통이 있은 연후에야 비로소 평안을 찾을 수 있는 것이다.

승승장구하던 그의 회사는 IMF 때, 파경을 맞았다. 법정관리를 받다가 나중에는 직원들에게 넘겨주고 손을 뗐다. 아직 미혼인 동생과 자녀의 뒷바라지를 위해 지인들과 함께 다시 건설회사를 차려 무진 고생을 한 끝에 재기할 수 있었다.

시간이 지나면서 그는 일을 접었다. 평소 가까이 지내던 벗들이 찾아갔다. 더러는 성공을 맛보았고, 어떨 땐 쓰라린 실패도 겪었지만 자신의 몫에 최선을 다했노라고 털어놓았다. 삶을 온전히 받아들이자 마음이 고요해졌단다. 심신이 평온을 되찾은 까닭은, 팽이가 내리치는 채에 견디는 것처럼 힘겨운 시련을 이겨냈기 때문이리라.

서울을 떠나 지방에 둥지를 튼 친구는 밝게 빛나는 밤하늘의 별을 올려다보는 일이며, 숲속을 거닐며 풀과 나무와 새들이랑 대화하는 경우는 도시에선 상상도 하기 어려웠다고 실토했다. 모든 것을 내려놓은 요즘이 가장 행복하다고 말하는 그의 얼굴은 자연을 닮은 듯 푸근하고 꾸밈이 없어 보였다.

왁자지껄하던 팽이들이 자는 듯 고요하다. 아이들은 잠시 채를 내려놓고 혼자서도 잘 돌아가는 모습을 흐뭇하게 바라보고 있다. 민속촌 마당으로 노을이 물든다. 어느새 불던 바람도 잠잠해진다.

고운사孤雲寺에 취하다

등운산騰雲山 능선이 편안하다. 은행나무와 벚나무가 늘어선 길섶에 하얀 불두화가 활짝 웃는다. 참회하고 오라는 뜻인 것 같아 십여 분 걸으며 묵직하던 번민을 내려놓는다. 마음이 가벼워지고 어느새 의성 고운사孤雲寺가 저만치 눈에 들어온다.

일주문의 기둥은 휘어진 소나무를 살려서 맞배지붕 곡선과도 잘 어울린다. 자연석 그대로 기반을 맞물리는 그랭이 기법이 남았더라면 더 멋진 조화를 이루었으리라. 그런데도 처마를 떠받친 정교한 조각과 문양은, 가장 한국적이라 부르기에 손색이 없다.

도선국사가 고운사 터를 부용반개芙蓉半開로 칭한 이유는 다름 아닌 산세에 기인한다. 산봉우리들은 불교를 상징하는 연꽃

형상이다. 보고 있으면 풍경의 중심에 섰다는 착각에 빠진다. 오늘따라 안개가 자욱이 드리워져 고찰의 운치를 듬뿍 느끼며 안쪽으로 발걸음을 옮긴다.

가운루駕雲樓는 계곡에 화강암을 놓고 그 위에 다시 나무 기둥을 세운 건물이다. 누각 내부의 조각 솜씨를 감상하고 나서 앞을 바라보면 산과 운해雲海를 접하는 세계가 드러난다. 구름이 모이고 흩어지는 것은 마음속의 '번뇌'와 같고, 푸른 하늘이 나타남은 '진여'라 깨닫는다고 한다. 여기에서 고운孤雲 최치원은 이런 풍광을 눈에 담으며 신선의 꿈을 품었으리라.

걸음을 돌려 우화루에 가까이 다가서니 벽화의 용과 호랑이가 내려다본다. 자리를 옮겨도 눈이 계속 따라와 묘한 기분이 든다. 이 그림은 조선 중기 작품으로, 진품은 공양간인 백련암 입구에 걸렸다. 비록 모조품이지만 실물과 조금도 손색이 없는 듯하다. 용마루에도 범 모양의 기와가 있어 어디를 가도 백수의 왕이 감시한다는 생각이 들어 몸짓 하나하나가 조심스럽다.

대웅전을 지나 명부전에 들른다. 약 삼백 년 전에 세워진 법당으로, 사후에 인간이 심판받는 장소를 형상화했다. 지장보살 양쪽으로 도열한 십대왕은 위엄이 넘친다. 1대는 죄의 유무를 판단하며, 5대가 바로 염라대왕이다. 죽어서 저승에 가면 고운사에 다녀왔느냐고 묻는다는데, 번번이 미루던 차에 오늘 잘

왔다는 생각이 든다.

태극무늬와 삼지창이 있는 만세문에 들어선다. 천년고찰에서 꼭 봐야 할 목록으로 꼽히는 연수전延壽殿이다. 유교식 건물에 솟을대문을 두고 담장을 두른 게 특별하다. 억불숭유정책을 폈던 조선에서 왕실의 계보를 기록한 어첩을 봉안하기 위한 원당願堂을 두었다는 사실이 조금은 낯설다. 어쩌면 방패막이를 한 게 아니었을지 미루어 짐작된다. 현재의 건축물은 고종의 무병장수를 빌기 위해 지었다. 지금까지도 왕실을 상징하는 품위는 그대로 남았다.

연수전 지붕 아래 펼쳐진 조각과 단청은 고풍스럽다. 화려하되 지나치지 않으며, 세월 속에 빛이 바랬을지언정 여전히 깊은 품격이 느껴진다. 처마와 벽이며 천장에는, 공간마다 글과 그림으로 채워져 어디부터 눈에 넣어야 할지 모르겠다.

황룡과 청룡이 구름을 감고 수면 위로 비상하는 모습이 눈길을 끈다. 한편에는 바다처럼 한량없는 임금님이 되기를 바라는 글귀가 새겨져 있다. 함께 그려놓은 두 개의 태극은 음과 양의 상호작용에 의해 우주 만물이 생성하는 대자연의 진리를 상징한다.

일렁이는 물결 위에 연꽃이 피고, 매화 사이로 두 마리 백두루미가 날아오른다. 한 발을 들고 서 있는 학은 단청을 그리는 장인의 익살스러운 모습이 연상된다. 그 아래는 사슴의 몸에 뿔이 하나 솟은 짐승이 노니는데, 이 일각수一角獸가 벽화에 상서로움을 더한다.

연수전의 이미지는 '상승上昇'을 나타내고 품은 뜻은 '장생長生'이다. 조금 떨어져 바라본 송림 뒤의 일출이 멋지다. 글과 그림에는 왕실의 기운이 지지 않고 영원하기를 기원하는 마음들로 가득 차 있다. 천천히 걸음을 옮기며 감상하는 사이에 어느새 불로장생의 세계로 빠져든다.

巡詹三月梅嗚笑 (처마 끝에 3월 매화는 미소 짓고)
華表千年鶴頂丹 (학 정수리의 붉음은 천 년 동안 변함이 없도다)
歲甲辰春 (갑진년 봄에)
識勝于丹鶴之中 (붉은 다리의 학을 그리면서 흥에 겨웠다)

마침내 그림을 다 그린 장인은 흥에 겨워 단청기를 벽에 적어 넣었다. 일을 끝낸 후 그는 홀가분한 마음으로 등운산에 올라 신선가 한 가락 읊지 않았을까.

연수전의 매력에 빠져 머물 시간을 훌쩍 넘겼다. 밖으로 나와 극락전을 둘러보면서 문득 한줄기 생각이 스친다. 절집의 조각과 무늬는 번뇌 없는 세상을 그리워하는 인간의 기원이리

라. 현생에서 낙원이 따로 있을까. 마음이 즐거웠다면 바로 무릉도원이 아니고 무엇이랴.

　일주문을 나서자, 며칠을 이상향에서 노닐다 다시 속세에 발을 디딘 기분이 든다. 여러 사찰을 다녔으나 이처럼 아쉽기는 처음이다. 미련이 남아 다시 돌아보니 가슴에 고운 절 한 채 사뿐히 내려앉는다.

술잔에 실린 비밀

하얀 벚꽃으로 거리가 눈부시다. 외국인들까지 포석정을 찾는다. 화사한 바람이 계곡을 따라 흐르다가 길손의 몸을 휘감고 돈다. 골짜기를 가득 메운 소나무는 물소리에 귀를 기울이고, 사람들은 해설사의 설명에 귀를 기울인다.

환한 밖과는 달리 여기는 왠지 쓸쓸한 기운이 감돈다. 옛 영화가 사라진 빈터엔 참새가 날아들어 입방아를 쪼아댄다. 오랜 세월 동안 여울물에 씻겨 조각은 부드럽게 다듬어졌지만, 거무스름한 모습을 보니 찬란한 역사조차 시간이 흐르면 쇠락한다는 걸 실감한다. 사람은 물론, 건물까지 모두 없어졌기에 남아 있는 돌만이 옛일을 기억할 것이다. 때로는 가슴 아린 사연을 품고 혼자 묵묵히 참아 왔으리라.

포석정이 신라가 망하게 된 치욕의 장소로 알려진 연유는 『삼국사기』 때문이다. 견훤이 후궁에 숨어있던 경애왕을 붙잡아 자결케 하고 왕비를 겁탈한 데 이어, 부하들은 왕의 비첩들을 농락한 뒤 재물까지 노략질했다는 내용이 담겼다. 하지만 제삼자인 고려의 기록이라서 그런지 의문점이 남는다.

이곳은 일제 강점기에 사적 1호로 지정되었다. 하필이면 침략자에 의해 보수되는 과정에서 물이 들어오는 입수부와 나가는 배수부가 훼손된 채여서 어딘가 석연치 않다.

1998년 모형전시관을 조성하기 위해 조사를 벌였다. 발굴할 때 많은 유물이 발견되면서 이 자리에 규모가 큰 건물이 있었음이 알려졌다. 제사에 사용된 그릇도 출토되어 왕과 귀족들이 모여 중요한 일을 논의했거나 제를 지내는 장소라는 주장이 나왔다. 마침 '砲石'이라는 글자가 뚜렷이 새겨진 명문 기와 한 점이 수습되어 학자들에게 실체 파악의 실마리를 주었다.

『화랑세기』에 나타나는 포석사鮑石祠를, 한 학자는 신주를 모시는 사당 또는 묘로 해석한다. 삼한을 통합한 후 사기士氣의 종주로 받들어진 문노文弩의 초상화를 모셨다. 태종무열왕인 김춘추와 김유신의 동생인 문희는 여기에서 예식을 치렀다. 이러한 사실로 보아 이곳은 국가의 안녕을 기원하고 나아가 귀족들의 혼례를 거행하는 매우 의미 깊은 공간이었음을 추정할 수 있다.

　다른 학자는 정원 유적이라고 여긴다. 맑은 냇물에 일 년 동안 몸에 밴 부정을 씻고 제를 지낸 다음, 음식을 먹고 술을 마시던 시설이라고 주장한다. 흥을 돋우기 위해 즉흥시를 짓던 행사가 유상곡수연의 형태로 발전했다고 본다.

　이 원류는 중국에 있다. 당시 명필로 유명한 왕희지를 비롯한 명사들이 저장성 후이치산의 난정蘭亭이란 정자에 모였다. 그곳에서 개울물에 몸을 깨끗이 한 후, 모임의 뜻을 하늘에 알리는 의식을 치렀다. 그러고는 흐르는 물에 술잔을 띄워 잔이 자기 앞에 올 때 시를 읊었다. 이것이 시발이 되어 왕궁에 유배거를 만들었다고 한다. 신라인이 그것에 착안해 포석정을 독특하게 조성한 시설이라 생각한다.

　비슷한 석구는 중국 동진 시대부터 전해진다. 대개 자연의 산수를 배경으로 이루어졌다. 그에 비해 여기는 인공적이다. 예순세 조각의 화강암을 일일이 다듬어 전복 껍데기 둘레처럼 수로를 만들었다. 곡선을 따라 물을 보내면 느리게 흐르거나, 달팽이 모양으로 빙글빙글 도는 현상을 보이고, 특히 잔이 멈추는 데가 열두 군데다. 오늘날까지 그 자취가 이처럼 잘 남아 있는 곳은 매우 드문 일로, 당시 사람들의 풍류를 느낄 수 있다.

　사료史料는 어떻게 해석하느냐에 따라 다르다. 이곳이 망국의 놀이터였다는 내용이 비판받는 이유이다. 견훤이 경주 인근까지 쳐들어오는 바람에 경애왕이 왕건에게 급히 원군을 청한 때가 음력 9월이었다. 게다가 연회가 열린 음력 11월은 날씨가 찰 텐데, 나라가 풍전등화인 상황에 추위를 무릅쓰고 노천에서 술판을 벌였을까. 이는 전후 사정으로 보아 설득력이 떨어진다. 국가의 안위를 위한 제를 올리다가 참변을 당한 것으로 보아야 하지 않을까.

역사를 서술하는 주체는 주로 승자의 몫이다. 고려 왕조가 신라의 망한 이유를 찾다 보니 귀족과 왕가의 무능함에 초점이 맞춰졌으리라. 거기다 구전되는 이야기를 그대로 서술하여 망국의 장소로 기록한 건 아닐까. 훗날 일본이 우리 민족의 문화적 수준을 비하하고, 침략을 정당화하기 위해 그 자료를 이용했다면 이 또한 씁쓸함을 남긴다.

패자의 처지는 대부분 묻혔다. 승자의 입장과 대등하게 놓고 바라볼 때 실체에 한 발짝이라도 더 접근할 수 있지 싶다. 오류가 존재할 경우에 치밀한 고증을 통해 바로잡았으면 좋겠다. 수준 높은 의식이 깃든 장소로 알려져 많은 사람이 유상곡수연의 향기를 즐긴다면, 우리 문화에 대한 자부심을 느끼게 되지 않을까.

주변을 한 바퀴 둘러보고 오니 한 화가가 풍경을 스케치북에 담고 있다. 느티나무는 당당히 줄기를 세우며 싱싱한 푸른 잎을 내민다. 홍콩에서 왔다는 그녀는 우리 문화에 대단한 관심을 가진 사람처럼 느껴진다. 역사 속으로 사라진 서라벌이 이방인의 화첩에서 당당히 재현되는 거 같다.

허허한 마음을 안고 발길을 돌린다. 제를 올리는 장면과 술판을 벌이는 모습이 머릿속에서 교차한다. 어느 쪽이 진실인지, 나라는 사라졌고 돌은 말이 없다. 하지만 신라인의 숨결은 언제까지나 포석정의 석구石溝를 따라 한 편의 고전으로 영원히 흐르리라.

제3부

활주

돌이켜보면 이제껏 살아오면서 다른 사람에게 이런저런 도움을 받았다. 크고 작은 일이 있을 적마다 혼자라면 그 모든 난관을 이겨내기 힘들었으리라. 사는 게 바빠서 혹은 다른 핑계로 태산 같은 은혜를 저버린 경우는 없는지 챙겨봐야겠다.

- 활주
- 테
- 돌아온 돌
- 아들 낳는 약
- 가보지 않은 길
- 부럼을 깨다
- 섭생
- 여관 밥상

활주

봄 햇살을 받은 대웅전이 고색창연하다. 버선코처럼 날렵하게 들린 추녀 끝으로 구름이 흘러간다. 자세히 보니 가느다란 나무 막대기가 지붕 끝을 받쳤다. 건물을 지지하는 굵은 원통형 기둥 옆에 비스듬히 세워져, 마치 지팡이를 짚고 서 있는 것 같다.

활주는 추녀 밑을 받치는 보조 역할을 한다. 궁궐이나 절처럼 큰 건물일수록 처마가 길어지고 자연 네 귀퉁이도 늘어나 무게를 지탱하기 힘들어진다. 그럴 때 하중을 분산시키기 위해 하나 더 세우고 그 아래에는 초석을 따로 놓는다.

자형은 우리와 한동네에 살던 사람으로, 누나와 결혼해 이웃에 살았다. 그는 처가의 멸치잡이 배 선원을 구하는 일부터 경리 업무에 이르기까지 크고 작은 도움을 주었다. 농사일을 거들었고, 집안 대소사에도 자주 손을 보탰다.

　약사면허를 취득한 내가 약국을 하려니 자금이 문제였다. 은행에서 대출받을 수도 없어 전전긍긍한 나날이었다. 고민을 알게 된 자형은 자신에게 재일교포 형님이 준 돈이 있다며 우선 가져다 쓰라고 했다. 그는 3남 1녀 중 막내로 태어나 그리 많지 않은 논밭을 물려받아 농사를 지으며 슬하에 여러 자녀를 거느리고 근근이 살아가는 처지였다. 가게 운영이 어려우면 돌려받기 힘든 데도 선뜻 빌려주어서 조그마한 점포를 얻었다.

　우여곡절 끝에 개업하고도 진열대는 텅 빈 상황이었다. 약품은 외상으로 구매한 후에 한 달 뒤에 정산한다는 생각으로 주문했다. 하지만 도매상들은 나와 거래하려 하지 않았다. 경험이 부족한 약사가 얼마나 팔겠느냐가 이유였다. 선반이 두 면뿐인 작은 공간이지만 한편엔 약을 진열하고, 다른 쪽은 빈 약통으로 채웠다. 방문객이 그런 사정을 눈치챌까 봐 마음을 졸였다. 어쩌다 찾아온 손님이 원하는 제품이 없어 빈손으로 나갈 땐 말로 옮기기 어려운 허전함이 밀려왔다.

　가게를 연 후 한동안 고객의 발길이 드물었다. 자형은 초조해하는 나를 자주 위로해 주었다. 농사를 짓다 보면, 봄에 씨 뿌려 거름을 넣고 정성을 쏟아도 수확이 알찰 때가 있고, 그렇지 않은 해도 흔하다고 했다. 너무 조급하지 말고, 최선을 다하면 언젠가는 풍성한 결실을 누리게 될 것이라 덧붙였다.

그즈음 약국을 운영하는 친구로부터 도매상 영업사원을 소개받았다. 불가능하다고 여겼던 약품 구매가 외상으로 이루어졌고, 자신과 관련이 없는 품목도 편의를 봐주게끔 부탁해서 약장이 가득 찼다. 또한 맺고 있는 여러 거래처의 유용한 정보도 알려 주었다.

그뿐만 아니라 적정량 구입과 재고 관리를 비롯해 가게 운영과 관련한 조언을 아끼지 않았다. 가격이 저렴하거나 덤을 준다는 말에 마음이 흔들려 한꺼번에 많은 물량이 들어오면 자금 사정이 나빠질 수 있다고 일렀다. 과도한 욕심은 금물이며 인근 동업자의 판매 가격도 틈틈이 살펴보라고 당부했다. 그가 제시한 경영 방법은 내게 상당한 도움이 되었다.

강산이 세 번 바뀔 동안 약국을 운영하면서 매일 일기를 썼다. 제약회사와 수입상, 도매상, 고객 그리고 직원과 관련되는 내용을 담았고, 환자에 대한 정보도 세세하게 다루었다. 조제해 준 내용이 적절했는지, 가격은 다른 곳과 얼마나 차이가 나는가를 적었다. 그렇게 쓴 기록물이 가게 운영을 지탱해 준 활주였다.

시간이 흐르면서 손님이 점점 불어났다. 하루가 다르게 매출이 상향곡선을 그으면서 가게를 넓혔다. 점포 규모에 걸맞게 약품도 구색을 갖추었다. 빈 곳 없이 가지런히 정리된 약장을 바라보면 든든해졌다.

'한 아이를 키우려면 온 마을이 필요하다'는 아프리카 속담이 있다. 어느 시인은 잘 익은 대추 한 알 속에 태풍과 벼락, 천둥이 들었다고 썼다. 사물이든 사람이든 저 혼자 이루어진 것은 없다. 히말라야를 등반하는 산악인에게는 그 지역의 셰르파가, 시합을 준비하는 운동선수에겐 코치가 활주이다. 이렇듯 삶 속에는 알게 모르게 도움을 주는 멘토들이 많다.

조선의 실학자 정약전은 신유박해로 바다 끝 흑산도에서 16년간 유배 생활을 하던 중 『자산어보』를 지었다. 섬 근해를 조사하고 채집한 내용을 적은 이 책엔 수산동식물 156종에 대한 명칭·분포·형태·습성 및 이용 등에 관한 사실이 상세히 기록되었다. 이때 어부 장덕순의 도움이 컸다. 이 사람은 풀과 나무, 새와 물고기에 대한 생리를 잘 알았다고 한다. 그가 없었다면 오늘날 해양생물의 연구에 중요한 자료가 되기는 어려웠을 거다.

자형과 누님은 이제 세상을 떠났다. 조카 중에는 장사가 어려워 조언이 필요하거나 자녀들 진학이나 혼사가 있을 때, 나를 찾아왔다. 일자리를 구할 시에는 지인의 회사에 취업시켰고, 식당을 개업할 적에 부족한 자금 대출을 위해 보증인이 되어주었다.

돌이켜보면 이제껏 살아오면서 다른 사람에게 이런저런 도움을 받았다. 크고 작은 일이 있을 적마다 혼자라면 그 모든 난관을 이겨내기 힘들었으리라. 사는 게 바빠서 혹은 다른 핑계로 태산 같은 은혜를 저버린 경우는 없는지 챙겨봐야겠다.

대웅전을 나오며 뒤돌아보니 울창한 송림이 가람을 에워쌌다. 산봉우리에서 내려온 기운은 금강계단에서 멈추었다가 다시 동쪽으로 흐른다. 통도사는 영축산을 활주로 삼은 것인가. 불이문不二門이 고즈넉한 산사의 풍경을 받치고 있다.

테

　항아리가 올망졸망 모여 앉아 볕을 쬔다. 덩치가 한 아름 되는 장독부터 호박처럼 작은 것까지 삼대가 함께 모여 사는 대가大家의 가족 같다. 더러는 빛이 바랬고, 어떤 건 주둥이에 살짝 흠이 나기도 했다. 독마다 묻은 시간의 더께가 오래된 집의 내력을 말해준다. 그중 실금이 난 옹기 하나가 녹슨 테를 맨 채 묵묵히 앉아 있다.

　질그릇에 매는 철사나 안경 둘레, 장구 마구리 가장자리에 친 걸 모두 테라고 부른다. 조선시대 관원이 비가 올 때 우장雨裝으로 쓰던 모테도 있다. 대나 싸리로 엮어 만든 소쿠리는 물론, 물지게 좌우 양쪽에 거는 물통이나 거름통에도 둘렀다.

　아버지가 사시던 농촌에서 이십여 리 떨어진 어촌에 어머니가 태어나고 자라셨다. 서로 얼굴도 모른 채 어른끼리 정혼해 결혼식을 올렸다. 외가 형편은 먹고사는 데 어려움이 없었으나 당시에는 남존여비 사상이 강할 때라, 더욱이 시골에서 딸이 교육받는 일은 쉽지 않았다. 당신은 학교 문턱에도 가보지 못했으나 어깨너머로 한글을 익혔고, 숫자도 깨우쳤다.

사업할 때와 외지에서의 직장 때문에 늘 바깥으로 다니시는 아버지를 대신해 어머니는 주로 집안일을 하며 식구들을 돌보셨다. 봄부터 거름을 옮겨 전답에 뿌리고, 점령군처럼 무섭게 쳐들어오는 잡초와 씨름하면서 텃밭에는 고추, 무, 배추, 상추를 가꾸었다. 바쁜 중에도 바닷가로 나가 톳이나 김, 파래, 곤포를 채취해 생활에 보탰다. 하지만 벌어오는 돈은 한계가 있어서 형편은 늘 쪼들렸다.

어느 해, 자형이 좌익단체에 가입했다는 누명을 쓰고 일 년여 동안 억울한 옥살이를 겪었다. 평소에 입이 무거웠던 어머니는 어디 가서 하소연도 못 해서 마음고생은 이루 말할 수 없었다. 출소 당시 앙상하게 뼈만 남은 사위를 보고 눈물을 얼마나 흘리셨을까. 설상가상으로 아버지 해상사업도 뜻대로 되지 않아 살림살이는 무말랭이처럼 쪼그라들었다.

동네에서는 어머니의 도움이 필요할 때가 있었다. 문중이나 이웃에 궂은일이 생기면 바느질 솜씨가 좋은 당신을 먼저 찾아왔다. 상복을 부탁하기 위해서였다. 돌아가신 분을 경건한 예로써 보내기 위한 상주의 애타는 마음을 잘 알았기에 아무리 바빠도 내려놓고 한달음에 달려갔다. 특히 겉에 입는 도복은 까다로워 근방에는 제대로 만들 줄 아는 사람이 드물었다. 하루하루 시간에 쫓기며 살아가는 처지지만 품삯도 받지 않으셨다.

부산에서 고등학교에 다닐 때였다. 어머니는 쌀이며 김치, 된장을 비롯해 손수 장만한 먹거리를 준비해 왔다. 멀미가 심해 자동차는 아예 이용할 수 없었다. 무거운 짐을 이고 사십 리를 걸어서 울산역에 도착한 후, 완행열차를 두 시간 정도 탔다. 다시 십 리를 더 이동해서 언덕배기에 있는 자취방에 다다르셨다. 아침에 나선 길은 어느덧 저녁이 되었다.

어린 시절, 마을엔 테를 매는 노인이 가끔 찾아왔다. 집집이 돌아다니며 장독대를 요모조모 살폈다. 손등으로 두드려 소리를 듣고 손끝으로 만져보며 옹기의 상태를 진단했다. 이놈은 되고 저 녀석은 부적합하다는 판단을 내린 다음, 사용할 수 있는 것은 철사로 단단히 묶었다. 그리고 나면 더 벌어지지 않았다.

동리 어귀에 아름드리 서 있는 느티나무나 팽나무는 듬직해 보였다. 어른들은 해마다 나무에 제를 올리며 마을의 안녕을 빌었다. 장승도 왕방울 눈을 부릅뜨고 우람한 기세로 길목을 지켰다. 당산나무나 벅수가 동네를 안전하게 해주듯 어머니는 가정을 따뜻하게 감싸주셨다.

경제적으로 어려웠던 시절, 어머니는 침묵으로, 때로는 다정한 말로 가족들의 아픔을 보듬었다. 부드럽고도 강인했으며, 힘들어도 늘 여유를 잃지 않으셨다. 아버지의 사업 실패와 자식들의 고난을 혼자 다 껴안고 온몸으로 견디어 낸 당신은 세상 어디에도 없는 단단한 테였다.

철사로 동여맨 옹기를 본다. 낡고 금이 가 금방이라도 깨질 듯한 그릇이 성한 것 못지않게 튼튼하게 느껴진다. 현실이 벅차고 버거웠던 시절을 가만히 떠올릴 때면 어머니는 늘 우리 가족을 굳건히 지켜내고 계셨다.

손바닥으로 가만히 테를 쓸어본다. 따뜻한 체온이 몸속으로 스며든다.

돌아온 돌

 다락방 청소를 하다 신문지로 돌돌 말아놓은 뭉치에 눈이 갔다. 아마도 아끼는 물건이었기에 싸두었을 거라는 생각으로, 흐린 기억을 더듬으며 종이를 벗겨냈다. 순간 반가웠다. 이십여 년간 내 곁을 떠났다 돌아온 돌이었기 때문이다. 눈에 보이지 않으면 마음에서도 멀어진다더니 그곳에 놓아두었다는 사실을 까맣게 잊고 지냈다.
 젊은 시절, 한동안 수석에 깊이 **빠졌다**. 처음 주위에서 돌을 주우러 가자는 제의가 왔을 때, 팔자 좋은 사람들의 유별난 취미라는 선입견에다 자연을 훼손하는 일이라는 생각이 들어 사양했다. 그러다 여러 번의 거절도 예의가 아닌 듯해 따라나서게 되었다.

오랜 시간 회원들과 같이하면서 탐석은 환경을 망가뜨리는 게 아니라 생명을 불어넣는 행위란 걸 알았다. 계곡 구석진 곳이나 여기저기 아무렇게나 굴러다니는 돌 중에는 자연의 신묘한 정취를 자아내는 것이 있었다. 잘 익은 과일을 제때 먹지 않으면 썩듯이 지나치게 마모되거나 깨져 상처를 입으면 미적 가치를 잃어버린다.

그날 이후 휴일이 돌아오면 가족이나 동호인들과 함께 산골짜기나, 강가며, 바닷가로 떠난다는 생각에 신이 났다. 처음 얼마 동안은 영 신통찮았다. 수석에 대한 지식이 얕아서인지 허탕 칠 때가 많았다. 한나절 동안 뙤약볕에서 땀을 흘리며 골라서 동호인들에게 보이면 "버려라"는 말만 돌아왔다. 그럴듯해서 주운 돌이 전문가의 눈에는 잡석에 불과했다.

시간이 흐르고 횟수를 거듭하자 웬만큼 안목이 생겼다. 산이나 호수 등 자연을 닮았거나, 사람과 동물의 모습이나 꽃과 같은 문양이 있을 때 애호가로부터 인정받았다. 수석 중에서도 뛰어난 작품을 명석이라 한다. 오랜 풍상을 잘 겪어내야 사랑받고 칭송을 듣는다. 세월에 닳고 닳아 온몸이 반들거려도 갈라지지 않고 상처 없이 기이한 모양을 한 것이 인기가 있음을 알았다.

감상석鑑賞石에 취미를 붙이면서 수없이 자신을 돌아보게 되었다. 나는 어디에 속할까, 타인들로부터 사랑을 받을 만한가, 쓸모가 있는지, 한 점의 돌보다 못한 존재는 아닌지 끊임없이 스스로 묻고 또 물었다.

식구들과 함께 야외에 나간 어느 해, 물놀이하다 저수지에 잇닿은 개울가에서 우연히 뚝배기만 한 수석이 눈에 들어왔다. 잽싸게 주워 흙을 씻어내자 암갈색의 멋진 호수석이 모습을 드러냈다. 수천만 년 이상 기나긴 세월 동안 땅속에 묻혔던 토중석이었다. 언제부터 바깥세상으로 나와 여기에 몸을 담갔을까. 바람에 깎이고 눈과 비에도 견뎠으리라.

칫솔로 흙과 잡티를 말끔히 씻어서 하얀 모래가 깔린 수반에 올려놓았다. 어떤 원석에서 분가해 나왔을까? 태초부터 이런 형태는 아니었을 것이다. 마치 백두산 천지나 한라산 백록담의 수려한 정경을 닮은 듯하여 볼수록 신기하고 오묘했다. 가게 책상 위에 놓고 날마다 쳐다보고 물도 뿌려주면서 정성을 기울였다. 고객들도 하나같이 눈길을 두지 않은 이가 없었다.

어느 날, 감상석 애호가인 친구가 찾아왔다. 대학 입학시험을 치러 갈 때 시외버스 옆자리에 같이 앉은 게 우정의 시작이었다. 학과는 달랐으나 캠퍼스 안에서 자주 어울리는 친한 사이였다. 호수석을 마주한 그는 찬사를 보내다 못해 아예 갖고 싶다는 속내를 노골적으로 내비쳤다. 고민스러웠지만 너무나 좋아하는 눈치라 내어주고 말았다. 수년 동안 보물처럼 아끼던 애장품이어서 내심 아쉬웠다.

서너 해가 지난 후, 한일 친선 전시회에서 그 수석을 다시 만났다. 한때 정들었던 돌을 보는 순간, 반갑기도 하고 싱숭생숭한 마음이 들었다.

직장에서 정년퇴직한 그는 이런저런 일을 해보았으나 여의치 못해 생활이 힘들었다. 사정이 어려워지자 소장하고 있던 돌을 모두 팔았다. 내가 준 것도 사겠다는 사람이 여럿 있었으나 끝내 거절하고 한사코 나에게 돌려주려고 했다.

우리는 서로 '받아라, 받지 않겠다'며 실랑이를 벌였다. 벗의 어려운 사정을 헤아리면서도 손에 넣었다. 버거운 형편인데도 욕심을 접은 모습이 은근히 고마웠다. 호의를 잊어버리고 옥상 다락방에 방치해 두어서 부끄러운 마음이 들었다.

우정을 지켜준 돌을 챙겨서 내려왔다. 거실에 놓고 물을 채우자 수면에 친구의 호탕한 얼굴이 떠오른다. 오랜만에 전화를 걸었다. 저녁에는 그와 더불어 수석 이야기를 안주 삼아 주거니 받거니 잔을 권하고 싶다.

아들 낳는 약

"아들 낳는 약 얼마입니까?"

"그런 약은 없습니다."

"구할 수 있다는 소문을 듣고 왔는데요."

약국을 경영한 지 십 년 되었을 때의 일이다. 삼십 대 후반쯤 보이는 여인이 들어와서는 다짜고짜 떼를 썼다.

요사이는 꽤 달라졌지만, 과거에는 딸이라는 걸 알면 낙태시키는 경우도 많았고, 사내아이를 얻기 위해서 아등바등하는 사람들을 자주 보았다. 어떤 부인은, 『아들 낳는 방법』이라는 책을 읽고 그대로 해도 안 되어 시집에서 쫓겨나야 할 지경이라며 제발 도와달라고 애절함을 털어놓았다. 이 땅의 여성들이 대를 이어야 한다는 강박감 때문에 알게 모르게 속을 태웠음을 헤아릴 수 있는 일화이다.

　인도에서는 '니쿠샤'라는 여자아이의 이름을 바꾸는 경우가 흔하다고 한다. 뿌리 깊은 남아선호사상으로 부모들이 '원치 않는다'는 의미를 붙여줬기 때문이다. 베트남에서는 2015년에 아들을 낳으려고 18번 낙태한 사례가 있었다.

　그즈음 일본도 우리와 비슷한 환경이었다. 어느 산부인과 의원에서 성별을 용하게 맞춘다는 소문이 났다. 임신 중, 남자아이라 진찰받았으나 딸을 낳은 여인이 찾아가자 의사는, "차트에는 여아라고 기록해 두었네요."라고 발뺌했다. 이런 일이 여러 번 노출되어 사법기관의 조사 끝에 처벌이 내려졌다.

　의약분업이 시행되기 전 어느 날, 시골에 사는 한 여성이 산부인과 질환으로 약국에 들렀다. 환자의 증상에 맞춰 조제해 주었다. 일 년쯤 흐른 후 그녀는 남편과 함께 찾아와 그 약을 먹고 사내아이를 얻었는데, 그 애가 3대 독자라고 했다. 나는 성별과 전혀 관계가 없는 치료제라 밝혔으나, 들은 척 마는 척하고 고맙다며 직접 키운 호박, 수박, 오이를 놓고 갔다.

　내 의도와 무관하게 반가운 일이 가끔 생겼다. 어느 회사원의 아내도 2대 독자를 낳았다. 그 외에도 두 번이나 더 있었다. 아무튼 소문이 나서 여러 지방에서 찾아왔다. 신문이나 방송만 위력이 큰 게 아니라 입소문도 엄청남을 확인시켜 주었다. 한

동안 사람들이 줄을 이었다.

프랑스의 천재적 사상가 B.파스칼이 『팡세』의 서두에서, "인간은 자연 가운데서 가장 약한 하나의 갈대에 불과하며, 그것은 생각하는 갈대"라고 썼다. 세상이 많이 변하고 있으며 무엇이 옳고 어떤 게 행복인지 다시 판단해 볼 일이다.

얼마 전 신문을 보니 아직도 세계 도처에 남아를 선호하는 나라가 만만찮게 있었다. 뿌리 깊은 관습 탓으로, 여인들이 남자의 부속물로만 여겨지는 듯해 안타깝다. 여성만이 가진 섬세하고 유려함이 사회 발전에 크게 도움이 된다는 점을 무시하기 때문은 아닐까. 다행히 우리나라에선 정부 요직 임명에 성비性比를 신경 쓴다든가, 사원 채용에서도 남녀의 차별을 없애는 등 사회적 여건이 확연히 달라져 반가운 일이다.

얼마 전, 미국의 연구팀이 성性을 선택해 인공 수정하는 데 성공했다. 그 기술로 약 80%의 정확도로 원하는 배아를 얻을 수 있었다고 한다. 성별이 인위적으로 좌지우지될 가능성을 둘러싸고 윤리 논쟁이 불거졌다. 그렇게 구별해서 낳는다면 성비가 조화롭지 않을 것은 틀림없다.

성차별은 이미 과거의 일이다. 우리나라의 출산율은 OECD 국가 중 꼴찌로 내려앉았다. 서울 4대문 안의 학교가 폐교 수순을 밟고 있고, 벚꽃 피는 순서로 대학과 지방이 없어진다는 우울한 소식도 들린다. 성 역할 고정관념과 지나친 입시 경쟁이 사라지고 가정경제가 안정되면 인구 절벽에서 탈출하리라. 어쩌면 인간이 그 존재 자체로서 소중한 가치를 지닐 때라야 가능하지 않을까 싶다.

  이러다간 나라도 없어지겠다. '아들 낳는 약'은 더더욱 필요하지 않고 남녀 구별 말고 다산을 기원해야 할 때다. 요즘, 아이 우는소리가 반갑게 들린다.

가보지 않은 길

컴퓨터를 다루지 못하면 컴맹이라 한다. 글을 모르는 사람을 문맹이라 부르는 말과 다를 바 없다. 나는 평소 공부할 필요성을 느꼈지만, 차일피일 미루다 집 가까운 학원에 등록한 날은 이순이 되기 몇 해 전이었다.

어느 날, 친구들 모임에서 PC가 화제로 떠올랐다. 배워야 한다는 쪽과 생각이 다른 무리로 나누어져 시끄러웠다. 찬성하는 벗들은 나이가 들어도 사회 변화의 적응에 도움이 된다는 입장이었다. 이견을 보인 사람들은 신경 쓰면서 힘들게 익히지 않아도 하루하루 삶에 아무런 지장이 없다고 했다. 앞으로는 말만 하면 AI(인공지능)가 알아서 척척 다 처리해 준다는데 그때까지 기다리자는 이도 있었다.

뒷골목에 위치한 조그마한 학원 문을 두드렸다. 컴퓨터 일곱 대를 놓고 원장이 직접 가르쳤다. 초등학교 부근이어서 그런지 어린 학생 서너 명만 책상 앞에 앉았다. 첫날에는 문제가 없었으나 이튿날은 그가 자리를 비우는 바람에 연습을 마친 후, 끌 줄 몰랐다. 옆자리에 있는 예닐곱 돼 보이는 아이에게 방법을 가르쳐 달라고 부탁했다.

"잠깐만요."

어깨를 으쓱하며 약간 흥분된 표정을 짓더니 손가락 하나로 순식간에 해결해 주었다. 여든 살 노인도 세 살 손자에게 배울 게 있다는 말이 기억났다. 나이와 관계없이 먼저 공부했거나 많이 아는 사람이 인생의 선배요, 스승임을 실감한 날이었다.

워드, 엑셀, 홈페이지, 인터넷에 대해 차근차근 배웠다. 어느 하나도 쉽지 않았으나 공부한 효과는 실생활 여기저기서 편리하게 나타났다. 컴퓨터로 주문서를 작성하고 곧장 집에서 책을 받았다. 인터넷을 통해 미지의 세계를 쉽게 드나들거나 먼 곳에 사는 사람들과도 편하게 소통할 수 있었다.

가게를 연 지 삼 년쯤 되던 해였다. 어느 날, 주인집 사모님으로부터 2층으로 좀 올라오라는 연락을 받고 갔더니 네 명의 여인이 사교춤을 연습하고 있었다. 나보다 스무 살은 족히 넘어 보이는 그녀들은 우리 집 단골손님들이었다. 당시 사회 분위기로 여염집 주부들이 드러내 놓고 교습소에 다니기가 부담스러워 가정집에서 따로 지도 받는 것 같았다.

호출한 이유는 남자 파트너가 필요해서였다. 블루스, 탱고, 왈츠, 지르박을 배웠으나 하나도 몸에 배지 않았다, 애당초 관심이 없던 데다 마음은 온통 점포에 쏠려 있었기 때문이다. 게다가 위층과 아래층을 산토끼처럼 뛰어 오르내리기도 버거웠다. 일을 핑계 삼아 두어 달 만에 간신히 빠져나왔다. 그때 제대로 익혔으면 즐겁게 건강을 지키는 방법이 됐을 텐데.

몇 년 전, 아내와 함께 어느 문화원의 커피 강의를 들었다. 3개월의 기초반을 거쳐 바리스타 2급 취득 준비 과정인 심화반에 들어갔다. 이론은 교재를 보고 외웠기에 큰 걱정이 되지 않았지만, 시간을 초과하면 탈락하는 실기가 문제였다. 집안일에 익숙한 아내와 달리 손이 빠르지 못한 나는 부담이 컸다.

시험 당일, 앞치마를 두르고 리넨 및 행주 배치와 기계 점검 같은 준비 동작을 5분 이내에 끝냈다. 더듬거리며 10분 이내에 원두를 갈아 카푸치노와 에스프레소 각 두 잔씩 마련한 후, 심판관들에게 시음케 할 수 있었다. 조마조마하던 우리 부부에게 합격 판정이 내려졌다.

중학교 교장으로 정년을 마친 지인은 가보지 않은 길을 걷고 있다. 그는 주차장 직원으로 근무하면서 조금도 거리낌이 없었으며 오히려 즐겼다. 연금은 고스란히 모으고 받는 월급으로 아내와 함께 살아간단다. 칠십이 넘은 지금까지도 묵묵히 일터를 지키시는 모습이 존경스럽다.

    단풍 든 숲속에 두 갈래 길이 있더군요 / 몸이 하나니 두 길을 다 가볼 수는 없어 / 나는 서운한 마음으로 한참 서서 / 잣나무 숲속으로 접어든 한쪽 길을 / 끝 간 데까지 바라보았습니다. (중략) 오랜 세월이 흐른 다음 / 나는 한숨지으며 이야기하겠지요 / 두 갈래 길이 숲속으로 나 있었다, 그래서 나는 / 사람이 덜 밟은 길을 택했고 / 그것이 내 운명을 바꾸어 놓았다고 /- 로버트 프로스트의 시 -「가보지 않은 길」에서

    삶에는 무수히 많은 길이 존재한다. 가만히 생각하니 나는 그중 몇 군데만 겨우 걸었다. 얼마나 단편적인 인생을 살았던가. 기회가 된다면 여생 동안 한두 개는 더 가보고 싶다. 그것이 내 운명을 바꾸어 놓지는 않겠지만 나름의 보람은 있으리라.
    오늘도 나는 또 하나의 여정을 시작하려 컴퓨터 앞에 앉는다.

부럼을 깨다

정월 대보름 아침이다. 아내가 견과류를 바구니에 수북하게 담아 내놓는다. "올해도 모두 건강하세요." 둘러앉은 가족들이 딱, 오도독오도독 부럼을 깨문다. 누가 큰 소리를 내는지 내기도 한다.

상원上元*은 설날만큼 중요한 전통 명절로 여겼다. 어릴 적, 나는 일찍 일어나 집을 한 바퀴 돌면서 '훠이 훠이'하고 새 쫓는 흉내를 냈다. 이날은 한 해 동안 부스럼이 생기지 말라고 딱딱한 열매인 호두, 밤, 은행, 잣 등을 깨물어 먹었다. 지역마다 차이가 나지만 쥐불놀이와 줄다리기를 벌였다. 또한 좋은 소식만 듣기 위한 귀밝이술을 마시거나 겨우내 모자랐던 영양을 채우기 위해 오곡밥을 지었다. 저녁에는 달집태우기 행사도 있었다. 소원을 적은 종이를 대나무에 묶어 태우면 타면서 터지는 소리에 악귀들이 달아난다고 믿었다.

액운을 물리치는 풍습은 이에만 국한되지 않았다. 어릴 때 어머니는 집에 남이 쓰던 나무가 들어오면 특별히 신경을 쓰셨다. 악귀가 붙을 수 있다며 밤새도록 뒷간에 두었다가 다음 날 아침에 꺼냈다. 동짓날엔 대문간이나 부엌과 화장실을 비롯한 여러 곳에 팥물을 뿌리며 붉은색으로 나쁜 기운을 물리쳤다.

할머니는 손주들을 불러놓고 자주 말씀하셨다.

"옷을 책상이나 상 위에 얹지 말라. 죽은 사람의 물건을 올리는 풍습이 있단다. 문지방을 밟으면 삼이웃이 불편해진다. 밤에 손톱을 깎으면 귀신이 붙는다. 잘 때 머리 위에 양말을 벗어 두면 꿈자리가 좋지 않고 복을 감한다."

당신은 또 부적을 여러 개 구해 와서 옷장이나 책상 속과 주머니에 넣어주면서 건강하고 공부 잘하라는 염원을 담으셨다.

조선시대 풍속을 기록한 『경도잡지』 등 각종 세시기歲時記에는 다음과 같은 기록이 나온다. '야광귀夜光鬼가 밤에 집에 들어와 신발을 훔친다. 이때 잃은 사람은 일 년 신수가 불길하다고 믿었다. 또한 대문에 장대를 세우고 체를 걸어두었는데, 도깨비가 찾아와 그 구멍을 세면서 순서를 잊어버려 다시 반복하다가 새벽에 닭이 울면 도망간다'는 내용이다. 섣달그믐 날이나 정월 보름에 행해진 풍습이었다.

　악귀를 물리치는 행사는 다른 나라에서도 볼 수 있다. 중국인들은 '춘절'을 보내며 폭죽의 큰 소리가 잡귀를 사라지게 한다는 믿음에 따라 엄청난 규모의 불꽃놀이를 연다. 스코틀랜드에서는 주전자와 프라이팬을 크게 울려 사악한 기운을 쫓는다. 덴마크에서는 새해 전날, 친구 혹은 가족의 집 앞에서 접시를 깨트리는데 조각이 많을수록 좋은 일이 생긴다고 여긴다.

　산악인들은 해마다 정초에 산을 지키고 보호하는 신에게 제를 지낸다. 시산제는 계곡이나 산자락에서 떡과 과일 등으로 상을 차리고 술을 올리며 안전을 기원하는 행사이다.

　삶처럼 굴곡이 심한 게 있으랴. 겪어보지 않고는 누구나 앞날을 미리 알 수 없다. 더구나 과학이 미처 발달하지 못한 과거에는 더했으리라. 어떤 이들은 질병으로 인한 고통을 귀신이 붙었다 하여 무속인의 굿으로 다스렸다. 불안을 그런 방식으로 위로를 받았을지도 모른다. 미래에 대한 불확실성을 해소하기 위한, 오래된 전통 중의 하나이지 싶다.

　고등학교 설립 인가를 받고 교사를 신축하려던 참이었다. 평소에 잘 알고 지내는 스님이 공사 안전을 위해 기도를 제안했다. 이 또한 학교와 학생들을 위해 정성을 다하는 것이라는 생각이 들었다. 적당한 날을 받아 이른 새벽, 건물을 지으려는 부지에 아내가 정성껏 마련한 공양물을 차렸다. 한 시간여 동안 불경을 독송하고 목탁을 두드리면서 무사하기를 축원해 주셨다. 나도 뒤에 앉아 합장하고 공사가 별 탈 없이 잘 마무리되어 멋진 교육의 장이 이루어지길 마음속으로 빌었다. 다행히 건축하는 동안 아무런 불상사가 일어나지 않았다.

과학이 발달한 요즘, 부럼을 깨무는 행위는 의미가 퇴색된 듯하다. 그러나 돌탑을 쌓는 이의 정성이나 정화수를 떠 놓고 가족의 안녕을 비는 어머니의 기도를 부질없다 할 수 있을까. 나도 마음 방향을 언제나 긍정에 두도록 노력한다.

아내는 올해도 어김없이 지인으로부터 입춘첩을 받아왔다. 현관문을 깨끗이 닦고, 여덟 팔자 모양으로 왼쪽에는 건양다경 建陽多慶, 오른쪽에는 입춘대길立春大吉을 붙였다. 따스한 봄을 맞이하여 길운과 경사가 많기를 바라는 의미였다. 그 모습을 바라보니 왠지 기쁘고 즐거운 일이 일어날 것 같이 느껴졌다.

한 해 동안 가족의 건강을 기원하고 우환은 범접하지 말라고 빌면서 부럼을 깨문다. 딱, 오도독오도독 유난히 큰 소리가 심금까지 울리는 듯하다. 올해는 액막이가 잘 되리라는 기분이 든다.

* '음력 정월 대보름'을 이르는 말

섭생攝生

국민 체조로 활기차게 새벽을 연다. 잠시 쉬었다가 단전호흡하면서 명상을 마치면, 골프공으로 발바닥 마사지를 한 후 가볍게 스트레칭한다. 모두 사십 분 정도 소요된다.

오전에 한 시간가량 강변을 산책한다. 점심 식후에 스쿼트, 뒤꿈치 들기, 힙 브릿지, 팔굽혀펴기와 아령 운동으로 근력을 키운다. 저녁에는 삼십 분 정도 천천히 거닌다. 일주일에 닷새 이상 하려고 노력 중이다.

꾸준한 건강관리로 오래 살기를 꾀하는 걸 섭생이라 부른다. 이러한 방법은 히포크라테스 의학의 특징이다. 환자 몸을 정상화하기 위해 약과 수술보다 일정 기간 식이요법과 운동요법에 중점을 둔다. 노자는 이것을 귀생貴生과 양생養生으로 설명한다.

'자신의 생을 너무 귀하게 여기면 오히려 위태롭고, 적당히 억눌러야 더 아름다워질 수 있다.'고 가르쳤다.

정기 검진은 빠뜨리지 않는다. 특히 비뇨기과에서 매월 진료받는다. 식탁에는 전립선비대증 치료제와 비타민을 비롯한 각종 영양제가 가득 놓였다. 현대의학과 신약의 혜택을 누릴 수 있음에 감사한 마음이 든다.

친구는 삶은 계란과 고구마, 익힌 토마토, 사과, 청국장 분말, 콜라겐, 생들기름, 견과류로 아침 식사를 한다. 점심과 저녁은 아내가 골고루 차려주는 밥상으로 정해진 시간에 먹는다. 커피는 이삼일에 한 잔 정도 마시며, 틈틈이 지인들과 외식을 즐긴다. 합리적인 삶을 사는 그를 보면서 나도 흉내를 내볼 생각이다.

요즘, 운동을 제외한 대부분의 시간은 책을 읽고 글을 쓴다. 3장 6구 12음보로 이루어진 것이 시조의 매력이라면, 수필은 새로운 성찰로 자신을 되돌아볼 수 있다. 소재를 찾으려고 고심하는 사이 어느새 하루해는 서산에 걸린다. 나에게 창작은 또 다른 건강관리법인 거 같다.

영국 케임브리지대학교에서 발표한 자료에 의하면, 희로애락을 함께 나누는 진정한 벗들이 주위에 있고, 그들과 보내는 시간이 많을수록 스트레스가 줄고 활력이 넘치는 삶을 살았다고 한다. 나도 몇 명의 가까운 친구들과는 매일 전화를 주고받으며 자주 만난다.

사람마다 건강을 챙기는 방법이 다르다. 어떤 이는 정적인 취미활동을 즐기거나 동호회에 나가 운동을 한다. 음악을 듣거나 가까운 분들과 맛집을 찾아 음식을 먹는 경우도 있다. 본인의 성격이나 체력을 고려한 거라 어느 것이 낫다고 단정 지을 수는 없다.

건장한 체격을 가진 친구가 있었다. 술을 아무리 많이 마셔도 취하는 모습을 보인 적이 없다. 점심때 혼자서 반주로 소주 다섯 병을 비우곤 하던 주당이었다. 결국 간암으로 이승을 하직했다. 평소 잘 알고 지내던 의사는, 환자에겐 담배를 피우지 말라면서 정작 본인은 매일 흡연하다 결국 폐암으로 세상을 떠나고 말았다.

언젠가부터 웰빙 바람이 불었다. 우리말로는 '참살이'라 부르는데, 몸의 건강을 통해 만족감을 누리는 삶을 가리킨다. 여기에서 한 걸음 더 나아간 게 네오 웰빙Neo well-being이다. 단순히 체력 증진에 중점을 두었던 것을 넘어 진정한 정신적 행복도 함께 추구한다는 의미다. 요즘 사람들은 하루가 다르게 자신을 위해 생활 방식을 적극적으로 바꾼다.

어려운 시절에는 배부르게 먹으면 가장 큰 기쁨이었고, 경제가 발달하던 시대에는 돈을 많이 버는 편이 좋았다. 이제 의식주가 해결되자 삶의 질을 따지게 되었다. '무엇을 소유했는가' 보다는 '얼마나 만족하며 사는가'로 생각이 달라졌다.

다큐멘터리 '나는 자연인이다'를 즐겨본다. 척박한 환경 속에 사는 사람들을 찾아가 함께 지내면서 참된 행복이 무엇인가를 체험하는 프로그램으로 여겨진다. 인기가 많은 이유는 아마도 온갖 스트레스에 시달리는 현대인들이 가지고 있는 인간 본연의 소박한 로망 때문일 테다.

섭攝은 다스린다는 뜻이 있다. 한자를 살펴보면 손수手변에 귀이耳가 세 개다. 手는 스스로, 耳는 받아들인다는 뜻이다. 그러고 보면 진정한 네오웰빙은 잘 먹고 몸을 움직이는 것 외에 천지인天地人의 이치에 제대로 순응하는 일이 아닐까 싶다.

'걸으면 살고, 누우면 죽는다'라는 말이 있다. 오늘 아침도 국민 체조로 아침을 열었다. 그런 후 즐거운 마음으로 강변을 산책한다. 간밤에 내린 비로 나무와 풀들은 더욱 싱그럽다. 왜가리 한 마리가 물가에서 한가로이 노닌다. 주변 풍경을 감상하다 보니 온몸에 힘찬 기운이 돌고 머리도 맑아진다.

여관 밥상

　가게에 딸린 삼 층에서 수십 년 동안 살았다. 나이 들면서 약해진 관절로 계단을 오르내리기 쉽지 않아 아파트로 이사하게 되었다. 그동안 묵은 세월이 어마어마했다. 가져갈 짐이 많고, 버릴 물건도 셀 수 없다. 여관 밥상 같다.
　일제 강점기, 어느 곡창지대에 농산물을 구입하러 일본에서 상인들이 몰려왔다. 그들을 유치하기 위해 여러 숙박업소에서 다 먹지도 못할 산해진미의 반찬을 수북이 차린 밥상을 내놓았다. 그것이 유래가 되어 여관 밥상이라는 말이 생겨났다.
　이불장에는 쓰지 않는 이부자리가 보이고, 옷장 안에는 넥타이, 목도리와 유행이 지났거나 체격이 달라져 입지 못하는 의복들이 많다. 낡은 와이셔츠와 블라우스도 꽤 눈에 띈다. 성년이 되어 떠난 아이들의 옷들도 그대로 보관되어 있다.

액자나 병풍도 제법 공간을 차지한다. 잉어를 그린 그림은 등용문의 의미가 있고, 재산이 넉넉해지며 지위가 높아진다는 속설에 솔깃해 마련했다, 소동파의 적벽부로 쓴 열 폭짜리 병풍, 지인으로부터 선물 받은 서예 작품과 말아놓은 족자도 보인다.

CD와 카세트, 비디오테이프, 휴대용 소형 라디오는 서로 뒤죽박죽 엉켰다. 첨단 제품의 발명으로 무용지물이 되었는데도 쉬이 버리지 못한 물건들로 쌓였다. 오래전에 꼈던 도수가 맞지 않은 안경도 눈에 들어온다. 등산 다닐 적에 이용한 낡은 텐트와 장비는 먼지를 듬뿍 덮어쓴 채 옛날을 추억하고 있다. 젊은 혈기를 코트로 불러냈던 테니스 라켓은 손잡이가 녹아내렸다.

가끔 여행을 다니면서 가는 곳마다 재미 삼아 기념품을 구입했다. 나무, 유리, 금속을 비롯한 다양한 소재로 만들어진 공예품과 에델바이스의 모티프가 담긴 액자는 장식장에서도 밀려났다.

아내는 젊은 시절의 티셔츠를 꺼냈다. 몸피가 약간 늘어나 당장 입을 수 없지만 아끼던 옷이라 망설였다. 한때 차와 커피에 관한 공부를 하면서 마련한 찻잔, 찻사발과 커피잔도 들어

냈다.

　농은 결혼한 후부터 수십 년 동안 사용한 것이어서 깊은 정이 들었다. 하지만 아파트 방마다 붙박이장이 있어서 소용이 없게 되었다. 책장은 두 개만 실었다. 그렇게 정리를 했는데도 이삿짐 차량에 짐이 **빽빽**하다.

　얼마 전, 지인들과 함께 오랜만에 한식집에 갔었다. 다양한 반찬으로 유명한 식당이었다. 생선조림과 구이, 소갈비탕, 돼지고기 수육, 계란부침, 두부전, 된장찌개, 젓갈과 쌈, 버섯볶음, 김, 파래무침, 파전, 숙주나물을 비롯해 여러 가지 음식이 상다리가 부러질 만큼 차려졌다. 모두 정성을 기울였으나 몇 가지에만 젓가락이 가고 나머지는 눈요기에 그쳤다.

　삼국사기에는 백결의 이야기가 나온다. 경주 낭산 아래에 살았던 선생은 집이 가난하여 늘 해진 옷을 입었다. 그러면서도 항상 거문고를 가지고 다니며 희로애락을 나타냈다. 세밑에 그분의 아내가 이웃에서 방아를 찧고 있는데 우리는 곡식이 없다며 걱정이 많았다. 그러자 죽고 사는 건 운명에 있고, 부귀는 하늘의 뜻이니 서러워하지 말라며 악기로 디딜방아 소리를 내 위로해 주었다. 조촐한 울림 하나로도 안분지족의 삶을 살았는데 나는 너무 욕심을 부린 셈이다.

　수십 년 동안 방치한 물건을 버리게 되어 폐기물 비용도 만만찮았다. 가능하면 있는 것을 이용하고 새로 구입하는 건 신중히 하자는 아내의 말에 공감이 갔다. 아파트에 도착해 짐을 내리며 아직도 없애야 할 게 남았음을 알았다. 가재도구, 이불, 식기, 식품, 상비약, 옷, 책 등을 적재적소에 넣으면서 이제는 매일 버리는 연습을 해야겠다고 느꼈다. 모든 정리가 끝나면 살아가는데 오히려 편리하리라.

불국사는 두 개의 탑이 있어 더 유명하다. 다보탑은 직선과 곡선으로 조화를 이루어 매우 화려하지만, 석가탑은 정형화된 세련미를 갖추었다. 유홍준 교수는 『나의 문화유산 답사기』에서 불국사 석가탑을 더할 것도 덜한 것도 없는 완벽한 아름다움의 모범답안이라고 극찬했다. 아마도 지극한 간결함을 염두에 둔 말이 아니었을까 싶다.

이삿짐을 챙기다 보니 점심시간이 훌쩍 지났다. 간단하면서도 편리한 짜장면을 배달시켜 끼니를 때웠다. 먹고 난 후 왠지 몸이 좀 가벼워지는 느낌이 든다.

- 작품 「가보지 않은 길」에서

제4부

까끄라기

보리가 자신을 지키기 위해 까끄라기를 품었듯 나 또한 전쟁터 같은 현실에서 살아남기 위해 까칠해져 갔다. 알량한 자존심이라도 세워야 그들과 나란히 할 수 있다고 믿었다. 하지만 실력을 제대로 갖추지 않은 처신은 타인과의 불화를 초래하곤 했다. 돌아보면 가소로운 일이고 부끄럽기 짝이 없다.

- 까끄라기
- 약손
- 느루
- 닭둘기
- 모지랑붓
- 멸치
- 트집
- 맛봉오리

까끄라기

유월 마당에 노란 싸락눈이 내린다. 뙤약볕 속에서 내리치는 도리깨질에 알갱이가 튀고 뿌옇게 먼지가 휘날린다. 까칠한 보리 수염이 벌떼처럼 마구 달려든다. 땀과 범벅이 돼 온몸이 따끔거린다. 어린 나는 타작할 묶음을 안아 나르거나 다 털린 짚을 마당 한쪽에 쌓아둔다.

까끄라기는 낟알 껍질에 붙은 수염을 일컬으며 까락이라고도 한다. 보리 이삭은 대개 여섯 줄인데 어긋나게 층층이 쌓인 씨알 끝에 가느다란 털이 길게 붙어 있다. 새나 해충의 근접을 막기 위한 방어망이다. 섭취한 에너지원을 자체의 고유한 성분으로 변화시키는 데 도움을 주기에 외양으로만 섣불리 판단할 일은 아니다.

보리밭은 아이들의 신나는 놀이터였다. 새파란 줄기를 뽑아 피리를 만들어 누가 더 큰 소리를 내는지 시합했다. 누렇게 익기 시작할 무렵이면 친구들이랑 서리를 나갔다. 손과 입언저리에 온통 숯검정을 묻힌 채 비벼 먹었다. 깜부기로 서로의 얼굴에 칠하는 장난도 꽤 즐거웠다. 어쩌다 넘어져 밭에 누우면 미루나무 꼭대기 위로 종달새가 날아올랐다. 그곳에 놀다 온 날은 옷 속에 박힌 까끄라기 때문에 밤새 몸이 따끔거렸다.

　배고픈 시절에는 무엇이든 허투루 버리지 않았다. 이웃에서는 낟알 껍질에 붙은 수염을 끓여서 숭늉처럼 마시기도 했다. 별맛이 없었지만 밍밍한 맹물보다 먹기 나았으리라. 윙윙거리는 소리에 뒤척이는 여름밤엔 마당에 모깃불을 피웠다. 등겨에 붙은 까락이 불쏘시개가 되었다. 저녁을 물린 후 평상에 누우면 매캐한 연기가 솟아오르는 밤하늘에 별들이 반짝거렸다.

　어느 해, 내자와 함께 천성산으로 등산을 갔다. 기이한 바위들이 조화를 이루고 있는 계곡을 지나 능선에 닿았다. 삼십 분 정도 더 올라가면 정상에 다다를 수 있는 위치였다. 해는 중천에 떠 정오임을 알렸다. 아내는 평상시에도 제때 끼니를 챙기지 않으면 금세 배고픔을 느낀다. 이날도 예외가 아니었다. 점심부터 먹자고 제의하는데도 과일과 사탕으로 우선 시장기를 때우고 꼭대기까지 가는 것이 좋겠다는 뜻을 내비쳤다. 식사하며 두런두런 세상 이야기를 한 다음에 산행해도 될 텐데 막무가내로 내 주장만 내세웠다.

한 유명 제약업체와 일 개월 후에 대금을 현금으로 지불하는 조건으로 직거래 계약을 맺었다. 상당 기간 영업이 순조롭게 이루어졌지만, 어느 달에는 주문받아 간 약품은 무소식이고 연락도 끊겼다. 인근 큰 업소의 동업자가, 나와 거래하면 더는 구매하지 않겠다고 으름장을 놓았다는 소문이 돌았다. 화가 치밀어 그 회사와의 관계를 정리하고 말았지만. 양쪽 모두 득이 되지 못했다.

미꾸라지가 사는 연못에 메기를 풀어놓으면 물고기들이 잡아먹히지 않으려 필사적으로 도망을 다니면서 더욱더 생생해진다는 것이다. 포식자는 안락한 환경을 위협하는 존재인 줄로만 알았다. 그걸 보니 삶은 어느 정도의 긴장과 스트레스가 있어야 원만하게 영위되는 게 아닐까 싶었다.

보리가 자신을 지키기 위해 까끄라기를 품었듯 나 또한 전쟁터 같은 현실에서 살아남기 위해 까칠해져 갔다. 알량한 자존심이라도 세워야 그들과 나란히 할 수 있다고 믿었다. 하지만 실력을 제대로 갖추지 않은 처신은 타인과의 불화를 초래하곤 했다. 돌아보면 가소롭고 부끄럽기 짝이 없는 일이었.

가시랭이 망^芒자는 풀잎의 끝부분처럼 예리하다는 뜻이다.

옛날 사람들의 짚신은 볏짚으로 만들었는데 털이 많아 망혜芒鞋라 불렀다. 그 신발을 신고 대나무 지팡이를 짚고 가는 죽장망혜竹杖芒鞋는 가장 간단한 선비의 차림이었다. 방랑 시인 김삿갓은 당대 양반 사회의 모순을 신랄하게 풍자한 시대의 까끄라기였다.

젊은 날의 까락은 언제나 타인에게 쏠렸다. 나의 잣대로 다른 사람을 평가했으며 자신의 가치관은 옳고 상대와의 차이는 인정하지 않았다. 내 눈의 대들보는 외면한 채 남의 티끌만 들춰냈다. 그 때문에 상처를 받은 이도 있었을 것이다. 이제부터라도 밖을 바라보며 날을 세웠던 걸 조금씩 안으로 돌려야겠다는 생각이 든다.

서리하던 친구들의 보리깜부기 같은 얼굴이 떠오른다. 어디선가 풀피리 소리도 들린다. 내 어린 시절의 까끄라기는 어디에 있을까. 어쩌면 민들레 홀씨처럼 산 너머로 날아가 푸른 초원이 되어 있을는지도 모를 일이다.

올려다보는 하늘에 보리 수염 같은 새털구름이 떠 있다.

약손

아픈 배 위로 손바닥이 천천히 오르내린다. 뒷산 부엉이 소리가 가까워졌다가 멀어지고 따뜻한 기운이 온몸을 감싼다. "할미 손은 약손, 할미 손은 약손." 처음엔 간지럽기만 하다가 시간이 지나자 포근해져 설핏 잠까지 들었다.

할아버지 생신을 맞아 평소에 보지 못하던 음식을 급히 먹은 게 아무래도 체한 모양이었다. 다 토해내고 나서도 누그러지지 않았다. 사위는 캄캄하고 의원에 가려면 이십 리를 걸어가야 했다. 그마저도 문을 닫았을 시각이어서 어른들은 걱정만 하실 뿐이었다. 할머니는 그런 나를 눕혀놓고 마법사의 주문처럼 중얼거리며 내 배를 쓰다듬어 주셨다. 손이 어떻게 약이 될 수 있을까. 믿기 어려웠으나 신기하게도 통증이 조금씩 가라앉았다.

어릴 적엔 늘 생활에 쪼들렸다. 가난을 벗어나려면 교사가 제격이라 생각했지만, 사범학교 입학시험에서 낙방해 그 뜻을 이룰 수 없었다. 다음에는 의사나 약사가 되는 걸 꿈꿨다. 학비가 많이 드는 의대 대신 약대로 진로를 돌렸다.

작은 약국이지만 손님들 성격은 제각기 달랐다. 급한 사람, 느긋한 분, 불평을 늘어놓다가 급기야 매사에 의심까지 하는 고객도 있었다. 모든 병을 약사의 손으로 다스리지는 못한다. 약이 만병을 낫게 해줄 것이라고 믿는 이를 이해시키기는 어려웠다. 하지만, 그들에게 신뢰를 주는 일은 약사의 중요한 역할이었다.

환자가 오면 고민에 빠진 적이 많았다. 어떤 약이 맞을지, 먹고 부작용은 없을지, 때로는 의사의 손에 맡기는 것이 좋을지 정확하게 판단하기가 쉽지 않았다.

어느 날, 친척이 수면제를 달라며 찾아왔다. 다른 목적으로 가끔 이용되기도 해서 조심스러웠다. 그 약은 대개 붉은색 캡슐에 들어있었다. 고민 끝에 아무런 약효가 없는 유당을 넣은 적색 교갑 세 개를 주었다. 효력이 대단히 강하므로 꼭 한 알씩만 복용하라고 거듭 일렀다. 그다음 날 찾아온 그녀는 오랜만에 깊은 잠을 잤다며 활짝 웃었다. 플라세보효과이리라.

손에서 손으로 정情도 오갔다. 끼니를 걱정하는 살림살이면서도 아픈 곳이 나았다며 고마움을 전하는 분들이 있었다. 한 아주머니는 직접 키운 푸성귀를 몇 차례나 건넸다. 어떤 이는 산에서 캔 더덕을 담근 술을 가져왔다. 그들의 정성스러운 뜻을 받으려니 오히려 부담스러웠다.

신체적인 질병은 약으로 다스릴 수 있지만, 마음의 상처는 그것만으로는 고치기 힘들다. 그럴 때의 치료 방법은 사람과 사람 사이의 따뜻한 관계일 게다. 약사여래불은 신앙의 대상이 되는 부처다. 오른손을 펴고 왼손에는 약사발을 들었다. 이름을 외우고 보살펴 주기를 빌면 재액을 물리치고 질병이 낫는다고 한다. 나는 약국에 오는 이들을 대할 때마다 그 뜻을 떠올렸다.

병도 제대로 못 고치고 잇속만 차리면 하의下醫라 일컫는다. 치료와 돈벌이를 곁들이면 중의中醫, 화타나 히포크라테스처럼 아픔을 덜어주고 마음마저 다스리는 의원醫員을 상의上醫라 부른다. 하지만 나는 후한 점수를 받을 자격이 있는 약사는 아니다. 환자들의 아픔을 제대로 보살필 수 없었기 때문이리라.

손톱을 깎다 손을 가만히 들여다본다. 팽팽하던 탄력이 사라지면서 손금이 깊게 패었고, 마디가 앙상히 드러났다. 펜을 잡고 수저를 들고 물건을 나르고 게다가 삼십 년 가까이 약을 만져왔다. 오랫동안의 이력이 주름만큼이나 선명하게 아로새겨졌다.

 긴 세월 환자를 만나며 살아왔으나 아직 할머니 약손을 따라가지 못한다. 온갖 전문 지식을 끌어다 써도 당신을 뛰어넘을 수 없는 이유는 아마도 사랑이 충분치 않은 탓이 아닐까.

 병든 현실을 고치는데 필요한 손길은 의사나 약사에만 있는 것이 아니다. 집을 짓는 목수, 고장 난 기계를 고치는 기술자 역시 중요한 역할을 한다. 묵묵히 가족을 다독이는 이들이나 지친 마음을 어루만지는 예술가도 마찬가지다.

 사회가 시끄럽고 어수선하다. 아픈 배를 쓰다듬어 주시던 것처럼 쓱 세상을 어루만지는 약손은 없을까. 할머니의 투박한 손이 그리운 저녁이다.

느루

아슴푸레한 빛 속에서 바다가 열린다. 수평선 위로 뭉게구름이 흘러가고 갈매기들이 모빌처럼 떠 있다. 마을의 지붕들이 어깨를 맞대고 해안선 따라 모였다가 흩어진다. 흰 도라지꽃이 한창인 오솔길 양쪽으로 은은하게 푸른 솔향이 깔린다.

느루는 '늘, 항상, 언제나'를 이르는 말이다. 언덕 위엔 어른 세 아름 정도 둘레를 가진 삼백 년 된 곰솔이 마을을 지킨다. 바닷가에서 자라며 껍질이 검어 해송海松 또는 흑송黑松이라고도 한다. 일반 솔잎보다 억세며 해풍에 견디는 힘이 강해서 배 만드는 재료로 이용된다. 꼭대기를 올려다보려면 머리를 뒤로 젖혀야 할 만큼 커다래서, 그 옆에 서면 왠지 늠름하고 꿋꿋한 기상이 느껴진다.

그곳은 어릴 적 아지트였다. 또래 개구쟁이들이 모여 팽이 치고 제기도 차며 해지는 줄 모르고 놀았다. 그러다 지겨워지면 약속이나 한 듯 검정 고무신을 벗어놓고 나무에 올랐다. 굵은 가지를 하나씩 차지하고 앉으면 저 멀리 끝없이 펼쳐진 바다 위에 점점이 떠 있는 크고 작은 배들이 보였다. 마을 앞을 지나가는 어선은 우리 중 누군가의 아버지가 탔기에 돌아가며 친구 이름을 하나씩 소리쳐 불렀다.

중학교에 진학하면서부터는 곰솔을 마주할 기회가 적었다. 늘 시간에 쫓겼기 때문이다. 지나치며 멀리서 눈을 맞추기라도 하면 잘 다녀오라는 듯 솔잎들을 흔들어 주었다. 여름방학 때에는 책을 들고 가끔 언덕에 올랐다. 책장을 넘기다 물안개 자욱한 바다를 바라보면서 어른이 될 꿈을 꾸었다.

고등학교 3학년 때, 반 친구로부터 자기 집에서 함께 지내며 공부하자는 제의를 받았다. 그의 아버님이 건설 회사를 경영하셔서 부유한 편이었다. 사정이 어려운 내 처지로선 제안을 마다할 이유가 없었다.

입주 며칠 후, 벗의 어머님으로부터 중학생 두 아들을 가르쳐 달라는 부탁을 받았다. 신세를 지고 있는 처지라 거절하기 어려웠다. 그 후 운이 좋았는지 아이들 성적이 크게 올랐다. 하지만 나는 과로로 건강이 시나브로 나빠졌다.

한 달여 동안 치료받았으나 낫지 않아 휴학하고 고향으로 내려왔다. 다른 급우들은 모두 앞서가는데 혼자 뒷걸음치는 것 같아 불안했다. 그럴 적에는 쓸쓸한 마음을 달래러 자주 언덕에 올랐다. 곰솔 둥치에 기대앉아 있노라면 따뜻한 기운이 흘러나왔다. '괜찮아, 긴 인생에서 일 년은 아주 짧은 시간일 뿐'이라며 토닥토닥 위로해 주었다.

그 해송을 마을의 신목神木으로 모셨다. 오월이 오면 당산제 준비로 바빴다. 길일吉日을 받으면 며칠 전부터 언덕으로 오르는 길가엔 정갈한 자갈이 깔렸다. 나무에는 새로 꼰 새끼줄이 처지고 주변은 말끔하게 정리되었다. 제주祭主는 해마다 돌아가며 어른 중에서 정해졌고, 음식 마련은 동네 사람들이 서로 제 일처럼 도왔다. 한동안 범접하지 못할 신령한 기운이 느껴져 의식이 끝날 때까지 그 곁에 가까이 갈 수 없었다.

한동안 객지 생활로 잠시 해송을 잊었다. 바쁘게 사느라 고향 마을에 자주 들릴 수 없었다. 생활이 어느 정도 안정되고 아이들이 태어나 일가를 이루게 되었을 때, 가족을 데리고 갔다. 성인이 된 나를 알아보고 예전처럼 가지를 흔들며 반갑게 맞아 주었다.

실버스타인의 『아낌없이 주는 나무』에는 사과나무와 소년이 친구처럼 나온다. 어른으로 성장하는 과정에서 돈이 필요한 경우에 자신의 열매를 모두 넘겨 그를 돕는다. 그 후로도 집을 지을 때, 멀리 가고 싶어 배를 만들 적에도 가지와 줄기를 기꺼이 내놓는다. 훗날 노인이 되어 피곤해서 쉴 곳을 찾자 마지막 남은 그루터기마저 권한다.

동네 사람들은 잠시 일손을 멈추고 곰솔 아래로 모여들었다. 매미 우는 여름이면 고기잡이와 농사 이야기, 도시로 간 자식 자랑이 펼쳐졌다. 논에는 벼가 물결처럼 바람에 일렁거렸다. 늦가을에는 짚과 가마니를 펴놓고 갓 잡아 온 생선을 말렸다. 샛바람에 솔잎들도 간들간들 춤을 추었다. 솔향이 스며든 멸치는 전국에서도 인기 있는 특산품이었다.

해송은 늘 그 자리를 지키면서 마을의 내력을 세세히 지켜보았으리라. 어느 댁에 초상이 났는지, 누구네 가정에 혼사가 있는가를. 미역 말리는 노동으로 겨우 입에 풀칠하던 살구나무집 과수댁이 어린 딸을 데리고 친정으로 간 일이며, 초등학교 동기가 공군 장교가 된 쾌거, 민선 읍장을 배출한 경사, 어느 해 태풍이 몰아쳐 난파선이 밀려왔으나 사람은 무탈했던 것까지.

체로키 인디언들은 나무에도 영혼이 있다고 믿었다. 벌목꾼들이 흰 참나무 숲을 해치려 할 때, 튼튼하고 잘 뻗은 한 그루가 느닷없이 넘어져 마차는 박살이 나고 노새가 깔려 죽었다.

그들이 작업을 포기하자 서로 가지를 흔들면서 주민들과 함께 춤을 추었다고 한다.

풍랑을 만난 것처럼 마음이 힘들었던 적이 잦았다. 좋지 않은 성적표를 받은 날, 학업을 중단하고 집으로 돌아왔을 때, 크고 작은 절망을 딛고 사회인으로 자리를 잡기까지 곰솔은 '아낌없이 주는 나무'처럼 늘 내 곁을 지켰다. 누구나 외로울 시에는 위로받고, 잘못을 저질렀을 경우는 부드럽게 타이르며, 고된 순간엔 따뜻한 격려를 보내는 존재가 필요하다. 사람이거나 사물, 장소가 될 수 있으리라.

솔잎 사이로 비치는 햇살이 모자이크처럼 반짝인다. 쳐다보면 주름진 허리를 굽혀 나를 반겨준다. 할아버지의 할아버지 때부터 마을을 지켜온 그 소나무는 사람들에게 잊힌다 해도 늘 그 자리에서 변함없으리라. 먼 옛날 개구쟁이들을 기다리며.

둥치에 팔을 두르고 뺨을 대본다. 따뜻한 수액이 내 몸으로 흘러 들어오는 듯하다. 멀리 바다엔 크고 작은 배들이 천천히 수평선을 따라 미끄러져 간다. 어릴 적 그때처럼 친구들 이름을 하나씩 불러본다.

닭둘기

　도로 위 비둘기들이 뒤뚱거리며 걷는다. 흩어진 먹이를 주워먹느라 사람이 가까이 다가가도 도망가지 않는다. 털은 반지르르하고 몸은 오동통하게 살이 올라 흡사 닭처럼 보인다.
　요즘 도시에 사는 집비둘기는 닭둘기라 불린 지 오래다. 주변에 먹이가 풍부해서 애써 날려고 하지 않는다. 그러다 보니 살이 쪄서 덩치가 크다. 공원이며 거리에서 떨어진 빵조각을 물고 서로 차지하려 다투는 광경도 자주 목격하게 된다. 손에 먹거리라도 들려있으면 떼를 지어 아장아장 걸어온다. 날렵한 모습은 간데없고 '꾹꾹 꾸꾸~' 하는 울음이 구걸하는 소리로 들린다.
　집 주위에 매일 비둘기 사료를 주는 여인이 있었다. 그녀가

놓고 간 모이를 먹고 개체 수가 늘면서 배설물이 건물, 자동차, 조형물을 더럽히고 악취가 났다. 그래서 제발 그만두기를 바란다고 사정했지만, 그 사람은 막무가내였다. 어쩔 수 없이 건물 벽에 경고문을 붙이고, 먹이를 뿌리고 가면 아내와 함께 치웠다. 한 달 이상 겪고 나니 만만한 일이 아니었다. 마침 그녀를 아는 분이 오랜 시간 설득하여 더는 그러지 않게 되었다.

어느 날, 동네 앞에 있는 공원을 거닐다 아는 분을 만났다. 그이는 정자에 앉아 하염없이 먼 곳을 바라보았다. 공직에서 정년퇴직한 후, 일할 기회도 끊긴 채 한 해 한 해 보내다 나이가 들면서 점점 나태해졌다고 털어놓았다. 심드렁하게 소일하며 지내던 중 아내가 노래를 함께 배워보자고 했지만, 흥미를 느끼지 못해 고개를 저었다며 헛헛하게 웃었다. 요즘은 매사에 의욕이 줄어들고 매너리즘에 빠져 하루하루 무사히 지내는 것이 최고의 소원이라고 덧붙였다. 어느새 일상에 매몰되어 닭둘기처럼 되어 가는 듯이 보였다.

예전에는 이성조二聲鳥를 비닭이라고 불렀다. 이상의 시 「오감도 제12호」에서도 비둘기가 나온다. 노아의 방주에서는 홍수를 피해 망망대해를 떠돌다가 일주일 만에 올리브 잎을 물고 돌아와 희망을 주었다. 2차 세계대전 때는 연합국의 통신용으로 활약한 후부터 평화의 상징이었다. 또한 정치적 온건파를 일컫는 말이기도 하다.

　이 조류鳥類의 이미지가 바뀐 건 현대에 들어와서이다. 쓰레기봉투를 뒤지며 걸식하는 도시 문명의 기생족이 되어버렸다. 잡식성이라 종류를 가리지 않고 먹는다. 더욱이 피존 맘들이 모이를 주기도 해, 조류로서의 활동량은 더욱 떨어지고 영양과잉 상태로 번식에만 전념한다. 날기를 포기하고 해조害鳥로 전락한 이유는 편한 현실에 만족하고 안주해서가 아닌가 싶다. 비틀거리며 과자 부스러기나 찾아대는 모습이 문득 그분같이 보인다.

　리처드 바크는 『갈매기의 꿈』을 통하여 도전하는 삶에 관해 이야기하고 있다. 다른 새들이 먹이를 구하기 위해서만 날 때, 주인공 조나단은 더 높이, 멀리 비상하려고 살이 찢어지는 고통을 견딘다. 머무르지 않고 부단히 자신의 삶을 열어 나간다면 결국 진정한 자유를 얻게 된다는 메시지를 전해준다.

　멧비둘기는 구걸하기 위해 도시로 내려오는 일이 없다. 낙엽 밑을 들춰 모이를 찾거나, 산 밑 밭에서 떨어진 알곡이나 보리수 열매 등을 따먹으며 살아간다. 울음소리가 우렁찬 것은 아마도 자신의 야성을 버리지 않았기 때문이리라.

　어느 명사名士는 방송에서 살아있는 동안 희망을 품어야 건강한 삶을 유지할 수 있다고 했다. 그리고 셰익스피어는 배움을 포기하는 순간 우리는 폭삭 늙기 시작한다는 말을 남겼다. 가끔 TV를 보면 나이 든 사람들이 그림, 수영, 춤을 지도 받는 모습이 인상적이었다.

   닭둘기가 되지 않으려 나는 매일매일 정성을 기울인다. 책을 읽고, 운동도 부지런히 이어가며 주어진 시간을 잘 활용하려 애쓴다. 갈매기 조나단처럼 더 높이, 멀리 날지는 못하더라도 도로 위 비둘기들처럼 뒤뚱거리며 걷는 일이 없도록. 잠자리에 들면서 오늘도 내가 충실한 삶을 살아왔는가를 돌아본다.

모지랑붓

　서랍장 구석에 문방사우가 가지런히 놓여 있다. 화선지 옆에 아랫배가 움푹 들어간 벼루와 반토막 난 먹, 그리고 끝이 뭉툭해진 붓들이다. 한때 자기 몸을 갈아 한지 위에 글 꽃을 피운 이들은 지금 정지된 시간의 모서리에서 깊숙한 침잠에 들었다.
　모지랑붓 하나를 꺼내 가만히 들여다본다. 아침마다 마당을 쓸어댄 빗자루처럼 끝이 몽땅하다. 붓대는 빛바랜 흑백사진처럼 거무죽죽하고, 붓촉은 손톱 길이만큼 남았다. 참선으로 마음을 닦다 허름한 장삼만 걸친 채 열반에 든 승려의 모습이 이럴까. 비록 행색은 초라해도 그 안에는 선친의 뜻이 웅숭깊게 배어있다.
　고향마을은 농산어촌이지만 논과 밭이 적어 주로 바다에 기대 살았다. 조그마한 어선이라도 가진 집은 그나마 괜찮았지만, 그렇지 않은 사람들은 사는 게 무척 힘들었다. 어른들은 가끔 냉수로 배를 채웠다. 어린 우리가 실컷 먹은 것이라곤 뒷산에 지천으로 핀 진달래꽃이었다.

녹록지 않은 삶에도 아버지는 배움의 길을 걸었다. 정신적 허기가 컸던 할아버지께서 어려운 형편에도 불구하고 아들을 서당에 보내셨던 덕분이었다. 변변찮은 종이조차 손에 넣기 힘든 처지였지만 선배들이 쓰고 버린 모지랑붓으로 글씨를 썼다. 소죽을 쑤면서도 부지깽이로 땅바닥에 연습했다. 그런 습성이 몸에 배어 가정을 이루고도 문방사우를 곁에 두고 지내셨다.

글을 쓰기 전, 부친은 반듯하게 좌정했다. 잔잔한 바다를 바라보며 심상을 다스리는 묵객처럼 호흡을 가다듬었다. 그리고는 연적의 물을 따르고 천천히 먹을 갈았다. 농도가 알맞게 맞추어지면 붓 하나를 골랐다. 수염을 쓰다듬듯 붓털을 이리저리 만져본 다음 먹물을 흠뻑 적셔 벼루 가장자리에 살살 문질러 끝을 가지런히 만드셨다.

운필運筆하는 당신의 자세는 한 치의 흐트러짐이 없었다. 뒤에서 보면 오른쪽 어깨만 미동이 있을 뿐이었다. 한 자 한 자 다 쓰고 나면 두 손으로 종이를 높이 들어 올렸다. 크기가 고른지, 획은 부드러운지, 삐침은 날렵한지, 점까지 요모조모 살피셨다. 마뜩잖으면 미간에 여덟 '八' 자가 그려졌다.

아버지는 내게 먹 갈기부터 가르쳤다. 먼저 차분한 마음으로 벼루 앞에 단정히 앉았다. 먹을 똑바로 세우고 팔에 힘을 뺀 다음 천천히 오른쪽으로 원을 그리라고 일렀다. 사람도 정신적인 균형이 어긋나면 행실이 삐뚤어진다며 반듯하게 문지르라고 말씀하셨다. 지루한 일이 처음엔 싫었으나 차츰 시간이 흐르면서 온몸을 감싸는 묵향에 마음이 편안해졌다.

초등학교 입학 후, 부친은 나에게 붓을 쥐여 주었다. 손가락 끝으로 붓대를 잡고 손바닥은 가슴 쪽을 향해야 했다. 잘못하면 꾸지람 들을까 봐 자꾸만 몸이 떨렸다. 그럴 때면 안심시키며 등 뒤에서 천천히 이끌었다. 쓴 글이 당신의 기대에 모자라면 시범을 보였다. 몸소 쓴 '永'자 위에 얇은 종이를 얹은 다음 덮어쓰는 연습을 시키셨다. 기본이 되는 획이 모두 담긴 이 글자를 익숙하게 쓰면 다른 한자도 쉽게 익힐 수 있어서였다.

"먹은 참새같이 가볍게 갈아야 하고, 글씨는 황소힘으로 써야 한다."

처음에는 이 말을 쉬 이해하기 어려웠다. 힘을 줄 곳과 뺄 자리를 알면서부터 그 뜻을 어렴풋이 터득하게 되었다. 따분할 때면 아버지가 친 난초와 대나무를 흉내내거나 손 가는 대로 그림을 그렸다. 그것을 본 당신은 자신의 어린 시절을 떠올리는 듯 슬쩍 눈감아주셨다.

　부친은 직접 쓴 본으로 모사模寫*와 임서臨書**에 이르기까지 일일이 보살폈다. 연습한 종이를 모아두었다가 한 달에 두 차례 평가도 내렸다. 내가 보기에도 서툴렀지만 점점 좋아진다며 용기를 북돋아 주었다. 칭찬 따라 자신감도 조금씩 늘어갔다.

　붓글씨는 일단 거기까지였다. 중고등학교 때는 펜을 주로 사용했고, 교과서와 싸우며 대학입시 준비에 바빴다. 진학한 다음에는 밤낮없이 두껍고 어려운 전공 서적을 파고드느라 문방사우는 내 관심에서 점점 멀어지게 되었다. 사회에 진출한 후론 먹고살기 바쁘다는 핑계로 붓을 잡지 않다가 시간의 여유가 생겨 취미로 삼았다.

　서예란 마음의 자취다. 글씨엔 사람의 인품이 고스란히 녹아 있기 때문이다. 먹을 간다는 건 성품을 다듬는 행위요. 천자문 쓰기는 세상의 이치를 깨치는 일이며, 고사성어 습득은 도리를 배우는 하나의 방편이 된다. 예藝와 예禮 또한 서로 통하기에 아버지는 삶에 대한 마음가짐을 가르친 것이리라. 무엇보다 아들이 '갈 之'(지) 자로 어긋나지 않고 반듯하길 바라며.

　중국 당나라 때 희소 스님은 모지랑붓으로 무덤을 쌓았다고 한다. 얼마나 써야 그 작은 게 모여 그렇게 되는지 헤아리기 어렵다. 평생 갈고닦기를 반복하는 동안 높은 내면의 탑을 일궈 냈으리라. 매사에 듬쑥하지 못한 나는 그 경지를 어찌 가늠이나 할 수 있을까.

돌아보면 한 점 한 점이 모여 일생이 되었고, 고비마다 획을 그었다. 몸은 모지랑붓처럼 닳았으나 내가 쓴 인생의 자서전을 마주하면 못나고 서툴기만 하다. 아직도 몇 개의 붓을 더 버려야 제대로 그려낼 수 있을는지.

서예가는 한 일一자 인생이란 말이 있다. 한 걸음 한 걸음이 삶을 써 내려가는 획이며 순서이다. 누구나 백지 위에 자신만의 가치관을 적어 가며 산다. 그동안 갈팡질팡 걸어온 여정은 제대로 틀이 잡히기나 했는지 늦은 후회가 앞선다.

서랍장에 있는 모지랑붓이 오늘은 '!'로 보인다.

* 모사模寫 : 원본을 베끼어 씀.

** 임서臨書 : 글씨본을 보면서 글씨를 씀. 또는 그렇게 쓴 글씨.

멸치

 가마솥에서 하얀 김이 무럭무럭 피어오른다. 갈매기들이 잔칫집에라도 온양 주변을 끼룩거리며 맴돈다. 바다는 거울처럼 잔잔하고 오월의 햇살은 따스하다. 조약돌 깔린 포구에선 여기저기 멸치 삶기가 한창이다.

 바다의 작은 별이라고 부르는 이 생선은 우리나라 사람들이 애용하는 먹거리 중 하나이다. 한약방의 감초 같은 존재다. 대부분 말려서 볶거나 국물을 우려내는 데 쓰인다. 액젓으로 유통되기도 하지만 생멸치는 회나 구이로 먹으며, 이름도 다양하다. 『우해이어보』에는 '멸아', 『자산어보』는 속명을 '멸어蔑魚', 한자어로 '추어鯫魚', 『재물보』와 『전어지』에서는 '멸'이라 불렀다.

 우리 집에는 멸치잡이 어선이 있었다. 파도가 심하거나 비오는 날을 제외하곤 봄부터 늦가을까지 밤바다로 나갔다. 요즘은 전깃불을 이용하나, 그때는 큰 쇠스랑에 장작을 얹어 지핀 불빛에 멸치가 몰리면 그물로 떴다. 그렇게 잡은 놈은 상처가 나지 않아 품질이 좋았고 비싼 값에 팔렸다.

배가 포구로 들어오면 어른들은 바닷가로 나갔다. 대나무로 엮어 만든 곱 바구니 통에 가득 담은 후, 두세 명이 여러 차례 근처 가마솥이 있는 곳으로 옮겼다. 횟감이나 구이, 젓갈용을 제외하고 대부분은 바로 데쳤다. 크기에 따라 삶는 시간과 염도 조절이 달랐기 때문에 경험이 풍부한 사람이 책임을 맡았다.

2센티 정도로 작은 지리멸은 산 채로 물회를 만들었다. 큰 놈은 살을 발라 초고추장에 미역과 미나리를 썰어 넣고 무쳤다. 입안에 넣으면 고소하고 짭짤한 향이 마치 바다가 통째로 들어오는 듯했다. 또 숯불을 피워 석쇠 위에 올려서 굽거나 시래기를 넣고 찌개로 해 먹었는데 이 역시 맛은 일품이었다.

멸치를 잡는 방법은 여러 가지가 있지만 후리 어업이 전통 방식에 속한다. 어군이 연안 가까이 다가오면 그물을 던진 다음 여러 사람이 뭍에서 양쪽 줄을 잡아당겨서 끌어올리는 어법이다. 그럴 땐 많은 동민이 동원되었는데, 어린 우리도 가끔 고사리손을 보탰다. 집에 돌아올 때는 약간의 생선을 품삯으로 받았다.

어른들에게 바다는 생활 터전이나 우리에게는 놀이터였다. 멸치 떼가 해안가로 들어오는 여름 초저녁에 초등학생인 나와 친구들은 솜뭉치에 석유를 묻힌 횃불을 들고나가서 뜰채로 떴다. 겨우 발목까지 찰랑거리는 수심에 불과했지만 말 그대로 물 반, 고기 반이라 잠시 동안에 몇 바가지씩 건졌다. 낮에는 더위도 식힐 겸 헤엄치면서 놀다 보면 수면 아래로 여러 종류의 물고기들이 지나다녔다. 비늘이 햇살에 반사되어 은박지처럼 눈이 부셨다.

　데친 고기는 채반에 담은 후, 멍석 위에 골고루 펴서 널고 하루에 한 번씩 뒤집었다. 햇볕 쨍쨍하게 맑은 날씨에 해풍이 살랑살랑 불어오기라도 하면 금상첨화였다. 저녁이면 창고에 들여두고 날이 밝으면 밖에 내놓았다. 햇살이 따가운 여름에는 이틀이면 건조가 되었지만 기온이 낮아지는 가을에는 나흘 정도 걸렸다. 푸르스름한 빛을 가진 은색으로 눈동자가 뚜렷하고 맑은 광이 나야 상품이었다. 말린 후 갈색의 두꺼운 종이 포대에 4킬로씩 넣어 저장했으며, 때가 되면 상인들이 찾아와 흥정을 벌였다.

　특별히 많이 잡히면 삶을 수도 없어 그대로 묘 위에도 널었다. 채 마르기 전에 비라도 오는 날은 낭패였다. 장마철에 썩어 상품의 가치가 사라지면 버리지 않고 이웃 마을 과수원집에 거름으로 사용하라고 주었다.

'작은 탕관이 이내 뜨거워진다'는 말이 오간다. 체구가 왜소하거나 나이가 어려도 재능이 뛰어나고 일 처리가 야무지다는 의미로 쓰인다. 이에 견줄만한 게 멸치가 아닌가 싶다. 몸집은 조그마해도 거친 해상에서 풍랑을 이겨내며 꿋꿋이 살아온 옹골찬 삶이 인상적이다. 넓은 바다를 헤엄치는 숱한 생물 중에 영양분도 풍부할 뿐 아니라 이처럼 깊고 두루 쓰이는 맛이 어디 있겠는가. 이 작은 생선을 볼 때마다 사소하고 하찮은 것이라고 얕보거나 가볍게 여겨서는 안 되겠다는 생각이 든다.

불길이 약해지자 피어오르던 김이 수그러든다. 기다리던 아낙네들이 뜰채로 건져 채반에 담는다. 어린 시절의 나도 그 속에 섞여 부지런히 손을 놀린다. 은빛 바다에 이제 막 멸치잡이 배 한 척이 들어온다.

트집

저녁 식사하기에는 이른 시간이어서인지 식당은 한산했다. 자리에 앉아 음식을 주문하자 적당히 구운 불고기와 정갈하게 담긴 밑반찬이 나왔다. 속달뱅이라 별로 기대하지 않았으나 예상과 달리 맛이 있었다.

"이걸 사람 먹으라고 내놓은 것이요!"

난데없이 날아오는 소리에 젓가락질하던 손이 저절로 멈추었다. 조그만 가게 안은 일순 정적이 흘렀다. 손님을 바라지하던 아주머니가 후다닥 달려와 이유를 물으며 고개를 조아렸다. 바로 옆 테이블에서 벌어진 일이었다.

부부로 보이는 오십 대의 그들은 화려한 차림새 때문에, 들어설 때부터 눈에 띄었다. 남자의 고개가 유난스레 뻣뻣해 보였다. 목을 세워서라기보다 온몸에서 뿜어져 나오는 분위기가 그랬다. 미처 주문도 하기 전에 메뉴가 이것뿐이냐고 투덜거렸다. '마음에 들지 않으면 다른 집을 찾아가면 될 터인데.' 라고 생각하던 참이었다. 그는 "고기가 너무 질기고 짜서 도저히 먹을 수 없다." 고 불뚝성을 냈다. 식탁에는 우리와 똑같은 음식이 놓였다. 맛있게 먹는 내가 괜스레 면구스러웠다.

소리만 지르는 게 아니었다. 사내는 얼굴이 붉으락푸르락해지며 당장이라도 싸움을 벌일 듯 씩씩거렸다. 아예 꼬투리를 잡기로 작정한 사람 같았다. 주인은 잘못을 저지르고 선생님 앞에 불려 온 학생처럼 연신 사과하며 어찌할 바를 몰랐다. 장사하려면 창자를 다 빼놔야 한다는 말이 실감이 났다. 일류 요리사도 모든 고객 입맛에 쏙 드는 조리는 쉽지 않다는 이야기를 들었다. 하물며 이렇게 소규모 식당에서 백인백색의 손님 취향을 어찌 다 맞추겠는가.

종업원이 음식을 다시 내왔다. 그런다고 맛이 달라질 리 만무하다. 그는 연신 젓가락으로 요리조리 뒤적이며 깔짝거렸다. 옆에 앉은 부인은 고개를 숙이고 말이 없었다. 흘낏 본 표정에서 남편에 대한 못마땅한 마음을 읽을 수 있었다.

트집을 부리는 사람 때문에 나도 곤욕을 치른 적이 있었다. 어느 날, 꽤 유명하다고 소문난 내과의원에서 받은 처방전을 가지고 위암 환자가 왔다. 위산을 보충하는 약품으로, 의사의 지시대로 제약회사에서 만든 완제품을 내주었다.

  며칠 후에 가족들이 몰려왔다. 잘못된 약 때문에 사망했으니, 방송과 신문에 제보하겠다고 으름장을 놓았다. 갓 생산된 것이라 변질하지 않았고 유효기간도 많이 남았기에 아무런 문제가 없었다. 한동안 협박에 시달리며 어려움을 겪었다.

  의약분업이 시행되기 전이었다. 하루는, 상한 음식 때문에 식중독에 걸려 두드러기가 돋아난 환자에게 조제해 주었다. 채 십 분도 되기 전에 효과가 없다며 손에 든 봉지를 팽개치고 환불해 달라고 떼를 썼다. 그 사람은 약을 먹거나 주사를 맞아도 일정한 시간이 지나야 효력이 나타난다는 걸 몰라서 나는 답답했다. 돈을 돌려주는 건 문제가 아니었지만, 상식을 초월한 행동을 보면서 모욕감을 느꼈다.

  문명의 발달과 더불어 사회가 복잡해지면서 오히려 배려심은 줄어든 거 같다. 정당한 불평은 이해되지만 조금만 비위에 거슬려도 못 참는다. 다선 국회의원을 지내고 한때 교육부 수장을 맡았던 분은 자신의 정치 생활 중, 장관 시절이 가장 힘들었다고 털어놓았다. 많은 자문과 공청회를 열어 토론 끝에 만든 정책을 내놓았으나, 학부모들의 불만이 쏟아졌다고 밝혔다.

  트집은 뭔가 마음에 들지 않는다는 의미이다. 상대방의 입장보다는 자신의 견해를 우선시하여 그럴 수 있고, 괜히 억지를 부려보는 경우에도 생길 법하다.

  따뜻한 투정도 생각난다. 김수환 추기경께서는 수원 예수의 작은 자매회에 갔을 때마다 반찬 불평을 하셨다. 가까운 누군가가 물었더니, 그런 말이라도 꺼내지 않으면 수녀님들은 일 년 내내 고기 한 번 먹을 수 없는 것 아니냐고 넌지시 일러주었다는 이야기가 있다.

  같은 트집이라도 쓰임새에 따라 다르다. 추기경께서는 수녀들을 위하여 이타적으로 하셨고, 식당에 온 남자나 일부 학부모들은 자신들만을 위한 이기심이었다. 떫은 감처럼 숙성이 덜 된 나는 오로지 내 입맛을 맞추려 애쓰는 아내에게 겨울철 아랫목 같은 남편이기는커녕 자존심을 건드린 경우가 더러 있었다.

  남의 잘못을 보고 나를 돌아보게 되는 반면교사의 날이었다. 한결 가벼운 마음으로 식당을 나섰다. 남은 생은 곰살가운 짝으로 살리라.

맛봉오리

　점심 식탁에 싱싱한 봄을 올렸다. 꼬들꼬들하면서도 쌉싸름한 엄나무순, 향긋하며 씹을수록 고소한 깻잎, 아삭아삭한 풋고추와 상추, 새콤달콤하게 무친 머위잎을 차려놓았다. 하나같이 보약이라는 생각이 든다. 채소마다 다른 맛을 느낄 수 있어 식욕을 돋운다.

　입에 들어온 음식을 구별하는 감각을 미각이라 하며, 맛은 미뢰味蕾를 통해 느껴진다. 꽃봉오리처럼 생겨서 맛봉오리라 부르고 혀의 윗면에 퍼져 있다. 이곳에서 기본적으로 신맛, 쓴맛, 매운맛, 짠맛, 단맛을 알아차린다.

　어디 음식에만 맛이 있을까. 사람도 그렇다. 친목회 회원 가운데 분위기를 잘 띄우는 분이 있다. 진중한 이야기를 하는 중에 그가 나타나면 여름날 시원한 바람처럼 기분이 좋아진다. 언제나 생기발랄하고 웃음이 많아 레몬처럼 상큼한 신맛이 난다.

매사에 부정적인 시각의 소유자를 쓴맛으로 비유하기도 한다. 한 친구는 자신의 의견과 다를 땐 작은 일에도 툴툴거리고, 마음에 드는 거보단 그렇지 않은 게 더 많다. 이것은 이래서 잘못됐고, 저건 저래서 틀렸다고 하나하나 물고 늘어진다. 짜증스러운 표정은 동료들의 얼굴을 찌푸리게 만든다. 독특한 비위를 아무도 맞출 수 없어 자연 대화를 꺼린다.

정직하고 빈틈없는 이를 매운맛을 지녔다고 일컫는다. 한 지인을 '땡고추'라고 부르는 건 그런 이유 때문이리라. 성격이 올곧으므로 그릇된 언행엔 못 참는다. 남명 조식 선생은 16세기 조선시대를 대표한 성리학자로서 퇴계 이황에 버금가는 인물이다. 일상생활에서도 의義가 아닌 일에는 절대 타협하지 않았다.

인색한 인간을 짠맛으로 표현할 때가 많다. 내가 아는 누군가는 가진 게 넉넉하면서도 선뜻 내놓기를 꺼린다. 반면에 다른 분 주머니에서 나온 것은 거침없이 손이 간다. 그뿐만 아니라 동료와 술을 마신 후 계산할 적에는 만취 상태인 척하거나, 슬그머니 화장실에 가서 한참을 머무는 경우도 있다. 어떤 이는 자신이 타인을 대접할 때는 박하게 하면서도 입장이 바뀌면 과하게 접대를 받으려고 한다. 이렇게 약삭빠른 행동을 하는 사람들은 주변에서 눈살을 찌푸려도 별로 개의치 않는다.

남을 돕고 배려하는 분은 흔히 단맛에 견주어진다. 중학교 다닐 적에 먼 거리를 통학했을 때였다. 어느 날 비가 많이 와서 입은 교복이 흠뻑 젖었다. 학교와 가까운 곳에 사는 친구 집에 따라가서 옷을 말린 뒤 하룻밤을 지냈다. 다음 날 등교 시에 점심 도시락도 챙겨왔다. 부모님을 비롯한 온 식구가 나를 따뜻하게 맞아주었다. 아무리 가족과 친한 사이라 하더라도 처음 만나는 타인에게 과도한 친절을 베푸는 일이 쉬운 것은 아니다. 나는 그분들에게서 달콤함을 느꼈다.

음식마다 풍미를 분명하게 나누는 게 가능할까. 감미로운 동시에 쌉싸름하거나, 고소하면서도 떫떠름한 경우가 있기 때문이다. 사람 또한 별반 다르지 않다. 때에 따라서는 매운 말을 건네다가 품어주고, 분위기를 띄우다 어느새 진중한 면을 드러낸다. 다만 어떤 걸 감추고 나타내느냐에 따라 그에 대한 평가가 달라진다.

맛을 알게 되는 곳이 맛봉오리라면 인품을 느끼는 건 감정이리라. 전자는 생리적 작용으로 어쩔 수 없다지만 후자를 판단 내리는 것은 개인의 의식에서 비롯된다. 음식마다 고유의 향미가 있듯 사람도 저마다의 특성을 보인다. 그걸 자신만의 잣대로 함부로 평가하는 행위는 적절하지 않다. 쓰고, 시고, 짜고, 달고, 맵다고 쉽게 구분하려는 경우는 어쩌면 마음속에 자리한 선입견 때문은 아닐까.

점심 식탁에 싱싱한 봄을 올렸다. 먼저 무친 머위잎을 입에 넣고 가만히 씹어본다. 그 자체로만 먹는다면 쓰지만 식초와 매실액을 넣어서 그런지 감칠맛이 난다. 한 가지보다는 여러 종류가 섞여 만들어 내는 음식이 더 깊고 그윽한 까닭은 저마다의 특징이 잘 버무려졌기 때문이리라. 나도 그랬으면 좋겠다는 마음으로 아내를 향해 엄지척한다.

제5부

군새

아무리 이엉이 단단하고 용마름이 잘 얹혔다고 하더라도 군새가 제대로 채워지지 않으면 푹 꺼져 보기 싫어진다. 경사가 완만해야 빗물도 부드럽게 흘려보낼 수 있다. 초가의 흠이나 기능을 보완해 혹시 모를 누수도 막는다. 텅 빈 볏짚 속에 가득 찬 공기는 여름철 햇볕을 차단하고 겨울엔 온기를 지켜준다.

- 군새
- 꽁초와 승차권
- 액셀러레이터와 브레이크
- 유수
- 만물
- 사방탁자
- 뜸, 느림을 꽃피우다
- 어敵

군새

깃털 같은 먼지가 날린다. 지붕 위에서 걷어낸 짚이 둥글게 날개를 접으며 아래로 내려온다. 먼 시간을 날아왔을 새는 지친 몸을 털썩 땅바닥에 누인다. 군데군데 깃이 빠지고 낡아서 거무스름하다. 누운 군새는 이제 자신의 소임을 마친 듯 가만히 눈을 감는다.

묵은 초가지붕을 내리고 새로 얹는 날이었다. 좁은 마당은 아침부터 사람들로 북적였다. 짚과 이엉 다발로 어질러져 발 디딜 틈이 없었다. 아버지와 동네 아저씨들은 연신 썩은 것을 걷어내고, 어머니는 부엌에서 새참 준비로 바빴다. 유년 시절의 나는 막걸리를 사 오느라 양은 주전자를 들고 사립문을 들락날락했다.

군새는 이엉 밑을 채우거나 썩은 부분을 갈아 끼우는 재료를 일컫는다. 띠나 억새처럼 줄기가 둥글고 속이 빈 식물을 '새'라 한다. 거기에 더하다는 의미의 '군'이 붙어서 그렇게 부르지 않았나 싶다. 초가는 한두 해마다 새로 이어도 일 년가량 지나면 여기저기 삭게 된다. 그럴 때, 새로 갈아주는데 지역에 따라 소재가 달랐다. 벼농사를 짓는 우리 마을에선 짚을 사용해 왔다.

늦가을, 벼 타작을 마치면 대개 이엉을 엮었다. 농한기가 시작되는 그때가 적당한 시기이기 때문이다. 마른 짚이 마당에 산더미처럼 쌓였다. 극성스러운 참새 떼가 이걸 놓칠 리 없었다. 미처 떨어지지 않은 낟알을 잽싸게 물고 날아갔다가 다시 돌아오곤 했다. 바람이라도 불라치면 함박눈처럼 검불이 마구 흩날렸다.

어른들은 솜씨가 좋았다. 흐트러진 볏짚을 한 움큼 집어 손으로 쓱쓱 쓸어내리면 순식간에 반지르르 윤이 흘렀다. 차곡차곡 엮인 이엉은 마치 인디언 치마 같아서 몸에 두르고 마당을 뛰어다니며 추장 흉내를 냈다. 오전이 채 지나지 않아서 노란 카펫이 마당을 덮었다. 일정한 길이가 되면 두루마리처럼 말아 한쪽에 요새처럼 세워놓았다.

지붕을 다 덮으려면 스무 둥치 정도 들었다. 며칠 동안 이엉 엮기는 계속됐다. 비가 오기라도 하면 마루에 앉아 새끼를 꼬

앉고 일거리가 많을 땐 늦은 밤까지 이어졌다. 여러 날 걸려 채비가 다 끝나면 손 없는 날을 잡았다.

처마 끝 볏짚 안에는 여러 생물이 산다. 그중 흰점박이꽃무지 유충인 굼벵이는 어른들로부터 훌륭한 보양식으로 대접받았다. 아이들의 관심은 참새 둥지였다. 밤에 불빛을 쪼이면 눈이 부셔서 날아갈 수 없다. 사다리를 놓고 올라가 짚 더미 속으로 손을 넣으면 따뜻한 체온이 온몸으로 느껴졌다. 콩닥거리는 가슴이 고스란히 와닿아 나는 한 번도 잡지 못했다. 더러는 집을 지키는 구렁이가 있다고 해서 지레 겁을 먹었다.

누구나 어려운 시절을 보냈다. 어머니는 농사일로 피곤할 텐데도 저녁엔 희미한 등잔머리에 앉아 바느질하셨다. 낡은 아버지 작업복이며 식구들의 해진 옷이었다. 구멍이 나거나 너덜너덜한 소맷부리를 잘라내고 다른 헝겊을 덧대면 한두 해는 거뜬히 입을 수 있었다. 군새가 그런 것처럼.

용마름은 지붕 가운데에 놓아 빗물이 앞뒤로 자연스럽게 흘러내리게 한다. 꼬임이 많고 힘이 들어가기 때문에 아침 일찍 물을 뿌려 짚이 부드러워진 뒤, 한나절 동안 두었다가 머리 땋듯 틀었다.

정 씨 아저씨는 우리 동네에서 용마름을 가장 잘 엮었다. 일의 진척도 빨랐지만 느슨하거나 비뚤어진 데가 전혀 없었다.

아버지보다 서너 살 적은 그는 배의 이물 같은 꼭대기에 걸터앉아 작업을 진두지휘했다. 손끝이 얼마나 야무진지 힘든 농사도 척척 해내셨다. 밭에는 잡초가 뿌리를 내릴 틈도 주어지지 않았고, 논둑은 늘 단정하게 정리되어 있었다.

그분은 고을의 든든한 군새였다. 어긋나는 지붕을 붙잡아주듯 이웃의 삶을 토닥거리며 곁에서 보살폈다. 마을의 대소사는 언제나 그이로부터 비롯되었다. 일찍 상처하고 혼자 살아도 동민들에게 깍듯이 어른 대접을 받았다.

아무리 이엉이 단단하고 용마름이 잘 얹혔다고 하더라도 군새가 제대로 채워지지 않으면 푹 꺼져 보기 싫어진다. 경사가 완만해야 빗물도 부드럽게 흘려보낼 수 있다. 초가의 흠이나 기능을 보완해 혹시 모를 누수도 막는다. 텅 빈 볏짚 속에 가득 찬 공기는 여름철 햇볕을 차단하고 겨울엔 온기를 지켜준다.

경험이 풍부한 동네 아저씨 여러 명이 손을 맞추었다. 짚이 쉴 새 없이 지붕 위로 올라갔다. 도톰하게 모양이 잡히면 이엉을 끌어 올려 돌돌 말린 타래를 풀어가며 처마에서부터 차곡차곡 덮었다. 그 위에 용마름을 올리자 마치 용이 승천할 듯 꿈틀거렸다. 바람에 날아가지 않도록 새끼를 씨줄 날줄로 단단히 묶고 난 후, 벌초하듯 낫으로 끝부분을 가지런히 다듬었다.

새벽부터 시작한 작업이 저녁이 되어서야 끝이 났다. 어느

새 사위는 어스름에 둘러싸이고, 일찍 뜬 달이 지붕 위로 박처럼 솟아올랐다. 새로 갈아입은 집은 금세라도 공중으로 날아오를 듯 날렵했다. 봉긋해진 모습은 앞산 봉우리 같기도 하고, 순한 소의 등을 닮았다. 남포등이 켜진 부엌엔 마지막 참을 차리느라 어머니는 쉴 새가 없으셨다.

지붕 위에서 아버지는 웃으신다. 밤하늘엔 흰점박이꽃무지 유충 같은 별이 무수하게 떠 있다. 짚이 어질러진 마당에 둥근 달빛이 내려와 앉는다. 산등성이 너머로 새소리가 자욱하다.

꽁초와 승차권

'동생, 왔나!' 나직하게 환청이 들린다. 영정 속에서 선배가 환하게 웃는다. 옷깃을 여미고 절을 하는 동안 눈시울이 젖는다. 향로 위로 세 줄기 연기가 추억처럼 피어오르다 허공에 흩어진다.

우리 동네에서 12킬로미터 떨어진 곳에 자리한 중학교에 일 년을 걸어서 다녔다. 십 리쯤 가면 훤칠하나 좀 심술궂은 상급생이 기다리다가 꽁초를 주워 오라는 심부름을 시켰다. 학교가 읍내에서 한참 벗어난 변두리에 있는 탓에 여기저기 뒤져도 찾기가 쉽지 않았다. 특히 겨울철엔 더 난감했다. 나는 시린 손을 호호 불어가며 그에게 갖다 줬지만, 원하는 양보다 적으면 구석으로 불려 가 심한 곤욕을 치렀다. 그때는 상급생이 하급생에게 잡스러운 일을 시켜도 거역할 수 없었다.

　주워 온 것을 받은 선배는 으슥한 곳에 자리를 잡았다. 몇 개를 풀어헤쳐 공책을 찢어 담배를 말았다. 불을 붙인 후에는 왕초나 된 듯 으스대며 연기를 내뿜었다. 다들 힘들게 살던 시절이라, 궐련은 권세 있는 사람들의 상징처럼 여길 때였다. 그렇게 자신을 과시하고 싶었나 보다.

　그가 독감이라도 된통 걸리길 바랐지만 교문 앞 느티나무처럼 듬직해서 결석하는 경우는 드물었다. 억울한 응어리가 점점 커졌다. 마음속으론 탱자나무 가지로 숱하게 후려쳤으나 겉으로는 싫은 표정을 내비칠 수 없었다. 상급생이 선생님보다 무서웠기에 잘못을 일러바칠 생각도 못 했다.

　부산에서 고등학교에 다닐 때였다. 어느 여름날, 평소와 마찬가지로 바쁘게 시내버스에 올라 자리를 잡고 멈췄을 적에 문득 낯익은 얼굴이 눈에 들어왔다. 나를 괴롭혔던 선배가 차장이 되어 서 있지 않은가! 순간 숨이 멎을 것 같았다. 착각이 아닐까 싶어 다시 보았지만 분명 그였다.

　꿈에서도 보고 싶지 않은 사람이었다. 다음 정거장에서 내려 볼까 싶은 생각도 있었지만 지각할 게 뻔했다. 콩나물시루 같은 차 안에서 그에게 띄지 않으려 애를 썼다. 모자를 꾹 눌러쓰고 시선을 피하다가, 까치발을 들고 힐끔힐끔 곁눈질하던 끝에 결국 눈이 마주치고 말았다. 마지못해 목례하면서도 심장이 두 방망이질쳤다.

학교까지 두 정거장 남았을 때, 승객이 어느 정도 내리자 그가 눈짓으로 불렀다. 내키지 않았지만, 몸은 어느새 선배 앞에 뻣뻣이 섰다. 바짝 얼어붙은 나를 보고 계면쩍은 듯 씩 웃었다. 그러곤 내 어깨를 툭툭 치면서 호주머니 속으로 무엇인가 찔러 넣었다.

"고생 많지."

말투는 낮았지만 그 속에서 정감이 묻어났다. 꺼내 보니 여러 번 탈 수 있는 양의 승차권이었다. 그 후에도 그런 일이 몇 차례 더 있었다. 그렇게 전해준 차표는 어려운 처지에 큰 힘이 되었고, 버스에서 그 형을 만나며 객지 생활의 외로움을 달랬다.

그는 해서는 안 될 일을 저질렀고, 나는 별다른 죄책감 없이 승차권을 받았다. 선배라는 과시인지 아니면 중학교 때 진 마음의 빚을 갚으려는 건지 본심은 모르겠지만 더는 피하지 않았다. 나쁜 기억을 좋은 추억으로 덮으면서 미웠던 감정은 봄눈 녹듯 스르르 풀리고 말았다.

누구나 춥고 배고픈 시절이었다. 사회에 나간다고 하더라도 당시에는 일자리가 상당히 모자랐다. 가정 형편이 어려워 상급

학교에 진학할 수 없었고, 생활전선에 뛰어들었지만 돈벌이는 쉽지 않았으리라. 고등학교를 졸업한 후론 형을 마주치지 못했다. 가끔 생각났지만 어디서든 잘 살고 있을 거라 믿었다.

쉰이 조금 넘어 고향으로 온 선배를 다시 만났다. 그는 학창 시절 하급생들을 괴롭힌 일과 시내버스 차장을 하며 '삥땅' 친 게 두고두고 후회된다고 털어놓았다. 객지에서 후배를 보니 뭐라도 해주고 싶은 마음이 앞섰다며 진한 회한을 담배 연기에 실어 내뱉었다. 중학교 때의 행동이 설익은 것이었다면 어른인 지금의 모습은 농익었다고나 할까. 대화를 나누는 동안 왠지 모를 따뜻함이 느껴졌다.

그의 인생길은 평탄하지 않았다. 거칠고 뭉툭한 손과 얼굴에 새겨진 깊은 주름이 이력을 증명하고 있었다. 제대로 배우지 못하고 가진 것도 없어 여러 직업으로 환승을 거듭하며 살았다. 주고받는 술잔에 가슴속에 묻어둔 이야기가 익어가고, 그날 나는 고향으로 회귀해 순수를 되찾은 소년을 보았다.

누구나 하늘이 준 승차권 한 장만 쥐고 여정에 오른다. 꽃길, 가시밭길, 비탈길을 걷다 앞이 안 보이면 헤매고, 바람이 불면 흔들리다 때로는 돌부리에 걸려 마음마저 접질린다. 저만치 종점이 다가올 때, 그래도 최선을 다했노라고 되새길 수 있다면 그 자체로 가치 있는 일이 아닐까.

영정을 쳐다본다. 이 땅에 함께 와서 학창 시절을 공유한 인연의 끈을 이제 놓는다. 회자정리의 마음으로 남은 애증 한 자락까지 향불에 태운다.

다리를 꼬고 앉아 꽁초를 문 덩치 큰 중학생과 승차권을 몰래 건네던 차장의 모습이 겹친다. 그나저나, 선배는 먼 길 갈 차표 끊을 동전 몇 냥이나 쥐고 떠났을까? 향로 위로 세 줄기 연기가 공중으로 퍼지다 서서히 사라진다.

액셀러레이터와 브레이크

차를 몰고 여행을 떠난다. 동해안 시원한 바닷바람이 콧속을 간질인다. 성격이 급해서 목적지에 빨리 닿아야겠다는 생각에 연신 가속페달을 밟아 속도를 낸다. 아내는 불만을 담아 간청한다.

"제발 천천히 가요."

차에는 액셀러레이터와 브레이크가 있어 빨리 달리기도 하고 천천히 가거나 멈추게도 된다. 나는 어떤 일을 처리할 때, 언제나 급히 서두르지만 아내는 돌다리도 두드리며 걷는 신중한 편이다. 어쩌다 내가 가속 페달을 밟으면 제동을 건다.

대체로 책을 읽을 때, 속독하는 버릇이 있다. 글도 마구 갈겨 쓴다. 외국어인지 한글인지 분간하지 못할 경우가 많다. 대화를 나눌 땐 따발총이 따로 없다. 식사할 적에도 마찬가지이다. 아무도 내 몫을 빼앗아 가지 않는데 허겁지겁 먹는다. 화장실에 가서도 귀신이나 본 듯이 부리나케 나온다. 무슨 일이든 달리기 경주하는 사람처럼 바쁘게 설쳐서 나는 늘 분주하다. 천천히 해도 되는 걸 빠르게 처리해서 실수가 잦다.

아내는 아무리 일정이 빽빽해도 마음만은 느긋하다. 혹여 늦었다면 급하게 해도 어차피 결과는 같기에 채근해 봐야 소용없다는 게 평소 지론이다. 함께 외출할라치면 재촉하는 건 내 쪽이고, 그런 나를 나무란다.

어느 해, 며칠간 집을 비워야 할 일이 생겼다. 평소 식구들이 모두 외박하는 날이면 화재 예방을 위해 플러그를 뽑아놓는다. 그날도 서울로 가면서 허겁지겁 전기 코드를 모두 빼버렸다. 나흘 만에 귀가해 보니, 냉장고에서 흘러나온 물로 부엌 바닥이 젖어 있었다. 보관해 둔 음식물을 깡그리 버려야 할 지경인지라 무척 미안한 생각이 들었다.

초겨울 약간 추운 날씨에 경주 갈 때였다. 보문로 중간지점의 노면에 살얼음이 낀 곳을 피하려고 재빨리 브레이크를 밟자, 차가 반 바퀴 돌았다. 다행히 반대편 차로에 차량이 없어서 교통사고는 일어나지 않았지만 온몸에 식은땀이 흘렀다. 어떤 날엔 도로에 물이 고인 부분을 급히 우회하려다 사고로 이어질

뻔한 적도 있었다.

　아내는 가끔 나를 걱정했다. 그러면서 앞뒤 분간하지 않고 내달릴 땐 뒤에서 잡았고, 속절없이 멈춰 섰을 적에는 가만히 가속페달을 밟도록 격려해 주었다. 서로 다른 성격 때문에 부딪힌 일도 있었지만 대체로 적당하게 남편을 밀고 당겼다. 액셀러레이터와 브레이크가 그렇듯.

　사진기는 볼록렌즈와 오목렌즈의 조합으로 이루어진 장치이다. 톱니바퀴도 아귀가 맞아야 잘 돌아간다. 어느 한쪽이라도 튀어나오든가, 들어가든가 하면 고장이 난다. 붓글씨를 쓸 적에도 완급 조절이 필요하다. 점을 찍을 땐 붓을 천천히 누르고, 세로로 내리긋을 시에는 잠시 숨을 멈추고 아랫배에 힘을 주어 재빨리 진행해야 한다. 부부관계도 그런 이치다.

　영화 「리틀 포레스트」는 현대인들의 과속하는 삶에서 브레이크 사용법을 보여준다. 임용고시를 준비 중이던 주인공은 도시락 따위로 도시에서 허기를 채우다가 배가 고프다는 이유로 무작정 시골집에 들어간다. 부모님이 떠나고 없는 빈집에서 살며 옛 친구와 함께 시간을 보낸다. 앞만 보고 달려온 생활을 멈추고, 농사를 지으며 장작을 패고, 손수 음식을 차리며 자신을 치유하는 과정을 다루고 있다.

　운전하면서 액셀러레이터를 계속 누를 수 없다. 그렇다고 브레이크만 밟으면 앞으로 나가지 못한다. 두 개의 기능이 적당하게 조화를 이루어야 안전한 주행이 가능하다. 부부간이든 삶이든 마찬가지로 보인다. 완급조절을 잘해야 원만하게 먼 길을 무사히 가게 되리라.

한때 『멈추면 비로소 보이는 것들』이란 책이 많은 사랑을 받았다. 속도만을 추구하는 사람들의 바쁜 삶에 쉼표를 찍고 한 번쯤 자신을 성찰하라는 메시지가 담겼다. 인디언들은 말을 타고 달리다 가끔 멈춰 서서 뒤를 돌아다본다고 한다. 자신의 영혼이 따라오는가를 확인하기 위해서이다. 나이가 들면서 젊을 때보단 아내의 말을 따를 때가 많다. 그렇게 하면 대체로 실수를 줄일 수 있었다.

동해안 시원한 바닷바람이 콧속을 간질인다. 차의 템포를 조금 늦춘다. 달리기만 했을 땐 지나쳤던 풍경들이 그제야 눈에 들어온다. 얼핏 스치는 바다, 섬, 갈매기도 새삼스럽다. 전망대 앞에서 차를 세운다. 오래 내 곁에 있어 준 옆지기가 고마워서 그윽하게 바라본다.

유수

처서가 지나자 더위가 한풀 꺾였다. 오랜만에 나간 들녘에는 고추가 익어가고, 참깨 꼬투리는 통통하다. 밭 가에 심어둔 동부콩도 몸피를 불리는 중이다. 벼 이삭은 이제 막 패기 시작했다. 한 포기 한 포기가 연두색 꽃다발 같다. 그러나 저것들은 아직 영글지 않았다.

나락이 여물기 전, 알맹이에 하얀 물이 차 있는 걸 유수라 부른다. 이 어린 건 앞으로도 많은 고난을 거쳐야 알곡이 된다. 병충해는 물론, 남은 땡볕과 태풍 두어 개도 잘 버텨야 된다. 무엇보다 새끼에게 600번 이상 먹이를 물어다 준다는 참새 떼도 용케 피해야 하리라.

학교와 관계가 있는 나는 가끔 교정을 둘러본다. 운동장에 나온 학생들을 볼 때면 언제나 싱그러움을 느낀다. 특히 축구 할 적엔 초원 위로 영양들이 뛰어다니는 모습 같다. 왁자지껄 한 소리가 공기를 가르고 숨 가쁘게 뛰어다닌다. 현란한 발재 간으로 공을 몰고 가다가 힘껏 차서 상대방 골문에 들어가면 팔을 쳐들며 함성을 지른다.

저렇게 아이들은 잠시 맑은 얼굴이다. 운동장의 시간을 지나 교실로 자리를 옮기면 그들은 다시금 입시 스트레스에 빠진다. 그 압박을 못 이겨 또래들과 부딪히거나 탈선의 유혹에 흔들리 기도 한다. 그러다 점차 알곡이 되어 가리라.

중학교 졸업할 때까지 나는 별다른 생각 없이 그럭저럭 지냈 다. 고등학교에 입학하고 난 뒤 스스로 삶을 개척해야 한다는 자각이 불현듯 떠올랐다. 농어촌 사정은 대개 어려웠다. 그런 환경을 보아 왔기에 굶주리지 않고 사람답게 살고자 한 갈망은 그 시기부터였다. 그러려면 좋은 직장을 가지는 게 최선이었기 에 학업에 매진하는 길을 택했다. 교과서를 통째로 외우며 뒤 로 밀리는 걸 막으려 애썼더니 성적은 꽤 높아졌다. 정작 건강 을 챙기지 못해 일 년 동안 주저앉았지만 다행히도 잘 견뎌낸 셈이다.

청소년기에는 자아 정체성이 형성되는 과정이며, 다양한 생 각과 경험이 필요하다. 그러나 지나친 선행학습에 집착하느라 정작 중요한 가치를 놓치는 현실이 안타깝다. 유수 기간을 어떻게 거치는지에 따라 사회에서 역할도 달라지기 때문이다.

벼가 잘 익기 위해서는 농부의 세심한 보살핌이 필요하듯, 어려움을 겪는 아이들도 교사와의 따뜻한 상담을 통해 올바른 길을 찾게 된다. 낮은 자존감과 무기력한 일상으로 수업 시간에 엎드려 자는 학생이 있었다. 그대로 두면 영글기를 포기하는 벼 이삭과 같아서 학교에서는 적극적인 지도를 했다. 고충을 파악해 도움을 주고 잘하는 건 칭찬을 아끼지 않았다. 자신감이 생겨 꾸준히 노력한 결과, 꿈꾸던 대학 진학을 이뤄냈다.

지금까지 총 19명의 총리를 배출한 영국의 최고 명문 고교인 이튼 칼리지의 교육과정에는 본받을 점이 많다. 체육을 제일 중요한 과목으로 삼는다. 축구는 하루 한 번이 원칙이며 공휴일에는 두 번으로 늘어난다. 어길 때는 벌금을 내도록 되어 있다. 이 학교는 자신만 아는 엘리트는 원하지 않으며, 운동을 통해 협동 정신을 강조한다니 참으로 부럽다. 공부를 특별히 챙기는 경우는 없지만, 졸업생이 거의 대학에 진학하며 그중 1/3은 옥스퍼드나 케임브리지에 입학한다. 자긍심과 국가관, 특히 사명감을 일깨운 덕분에 엄청난 학습 효과를 얻었으리라.

미국 필립고등학교는 모든 학생이 하루에 두 시간씩 체육 수업에 참여한다. 운동으로 땀을 흘리면 스트레스가 풀려 건강과

학력 신장에 보탬이 되기 때문이다. 반면에 우리나라 아이들은 공부에만 치중하느라 체력을 등한시하는 느낌이 든다. 하루에 몇십 분이라도 운동장에서 보내면 좋겠지만 여러 가지 여건상 그마저도 어렵다.

경쟁에서 이기려는 마음이 강해 남에게 불편을 주고, 나약한 심성으로 인해 어려움을 견디지 못해 뒤처지는 경우도 생긴다. 아이들이 물질의 가치에 함몰되지 않고, 자신들만의 세계를 이루어 갈 수 있을지 걱정스럽다. 어떤 시련이 닥치더라도 이겨내고 튼실한 사회인으로 성장하길 소망한다.

무성하게 자란 잡초를 뽑아내고 물을 준다. 한 해에 두세 차례 잔디를 깎고 비료도 뿌린다. 나무의 건강 상태에 따라 영양제를 투여할 때도 있다. 적당한 높이와 수형을 잡기 위해 가지치기도 한다. 그렇게 해야 봄과 여름엔 아름답고 향기로운 꽃을 피우고 가을엔 탐스러운 열매를 매단다. 그리 크지 않은 주택의 정원이라도 이런데 하물며 모든 학생들을 바르게 키우려면 얼마나 많은 손길이 가야 할까.

초록 잎새 사이로 유수들이 고개를 내민다. 앞으로 몇 번은 더 태풍과 맞서 싸워야 하고, 빈번히 참새들의 습격을 받을 거다. 연약한 것들이 모진 시련을 이겨내고 알곡으로 여문다면 머지않아 만추의 들녘엔 황금 카펫이 깔리리라.

벼 이삭을 만지자 까슬한 촉감이 팔을 타고 올라온다. 잘 자라라며 마음속으로 격려해 준다.

맏물

 올해 들어 처음으로 사과를 따는 날이다. 세로로 자란 가지는 나무를 키우고 가로로 뻗은 건 열매를 달았다. 적당히 솎아낸 덕분에 튼실하고 모양도 좋다. 맏물이 우량이면 그다음 수확하는 작물도 대체로 좋은 품질이 된다.
 첫물이라고도 부르는 맏물은 과일, 푸성귀, 해산물 따위에서 그해 제일 먼저 나는 걸 일컫는다. 일본 어느 지역에서는 수명이 75일 늘어난다며 길한 먹거리로 여긴다. 꽃등은 맨 처음을 뜻하는 토박이말이고, 맏배는 짐승이 첫째로 낳은 새끼를 가리킨다.
 큰아버지 댁엔 딸이 여럿 있었으나 아들은 막내 한 명뿐이었다. 사촌 동생은 스무 살이 갓 넘었을 무렵, 결혼도 하기 전에 지병으로 이승을 떠났다. 장남이 큰댁 양자로 들어가면서 차남인 나는 자연히 맏이 노릇을 하게 됐다. 형님이 그 자리에 계실 때는 매사에 시키는 대로 따르면 되었기에 특별히 신경 쓸 일이 없었다. 하지만 내가 그 역할을 해보니 생각보다 쉽지 않았다.

히브리인들은 하느님께 희생 제물로 그 해 첫 열매, 맏배, 장자를 바쳤다. 고대 이래 셈족은 절대자가 모든 생명체를 창조하였으므로 식물, 동물, 인간은 본래 그분에게 속한다고 믿었기 때문이다. 맏물 봉헌은 수확을 거룩한 행위로 여기는 의미를 담고 있었다. 우리나라에서도 처음 딴 과일을 추석 차례상에 올리고, 가장 먼저 거둔 곡식으로 밥을 지어 조상께 예를 올렸다.

맏아들을 우선시하는 풍습은 동서양이 다르지 않았다. 유럽에선 프랑크 왕국의 분할 사건 후에 더욱 철저한 장자 상속으로 돌아갔다. 우리나라에서도 고려시대부터 왕이 죽었을 때 장남이 왕위를 잇는 제도가 만들어졌다. 민간에서는 임진왜란 이전까지 아들·딸 구별이 없었으나 조선 말기쯤에 큰아들이 물려받았다.

맏이에게는 대를 이어가는 존재로서 가치를 부여했기에 첫 자식이 남아이기를 바라는 것도 그런 이유이리라. 유산을 받는 대가로 어버이를 봉양하며, 제사를 지내고, 가문을 중흥시키는 막중한 책임을 졌다.

　단독주택을 마련하기 전까지 가게 삼 층에 살았다. 연세가 많은 부모님께서 계단을 오르내리는 모습을 볼 때마다 죄송스러웠다. 하루라도 빨리 드나들기 편한 집으로 모시겠다고 마음먹었으나 수년이 걸렸다. 아버지가 돌아가신 후에는 어머니 홀로 계신 시간이 많았다. 말벗 없이 텔레비전 시청이 대부분이셨던 당신을 살뜰하게 챙기지 못한 게 아직도 후회된다.

　부친은 화장을 꺼리는 눈치였다. 여러 해, 수소문 끝에 어렵게 장지로 쓸 토지를 샀으나 마을 사람 중 한 명의 반대로 그 뜻을 이루지 못했다. 부득이하게 일 년여 동안 일요일마다 이 산 저 산에 묘 터를 찾으러 다닌 후에, 근근이 자리를 마련할 수 있었다. 양친이 돌아가신 후에는 장례, 제사와 성묘를 비롯한 집안 대소사를 책임졌다. 그러나 일이 끝나고 나면 늘 미진하다는 생각이 들었다.

　기러기는 V자 대형으로 떼를 지어 이동한다. 앞자리에서 힘찬 날갯짓으로 상승기류를 만들어 따라오는 무리가 그 흐름을 타고 수월하게 비행하게 된다. 그러나 선두에 선 새는 오로지 자신의 힘만으로 날아가야 하므로 바람의 저항을 가장 많이 받는다. 한 집안의 맏이도 이와 비슷하리라.

만물이 기쁨과 대견함이라면 끝물은 애잔함과 사랑스러움이다. 한 나무에서 두 갈래로 나누어지는 게 우연이듯 맏이도 어쩌다 먼저 태어났을 뿐 미리 정해진 운명은 아닐 것이다. 그러나 그 역할은 크게 달라서 무거운 짐을 지기도 한다.

심리학자들에 따르면 첫째는 출생 순간부터 기대를 한 몸에 받고 자라 책임감이 강하다고 한다. 나는 차남으로 태어나서인지 미흡한 점이 한둘이 아니었다. 마음엔 늘 걱정이 앞섰지만, 가족들의 힘든 상황을 제대로 챙겨주지 못한 경우도 있었으리라. 부족하고 아쉬웠지만 그래도 부모님과 함께 살던 때가 그리워진다. 다시 맏이로 태어나도 기꺼이 그 길을 걸을 것이다.

광주리에 잘 익은 사과를 조심스레 담는다. 추위를 이겨내고 꽃을 피우며 폭풍우 속에서도 햇살을 안으로 차곡차곡 채워 넣은 과일이 대견하다. 곧 다가올 추석 차례상에 올려야겠다. 손에 든 바구니가 듬직하다.

사방탁자

거실 한쪽이 듬직하다. 소박한 가구 덕분이다. 사방 어디 한 군데 막힌 곳이 없어 호방해 보인다. 벽에 기대어 세우면 배경처럼 느껴지고, 물건을 올려두면 대상을 빛내준다. 은은하게 칠해진 옻빛은 반짝임을 고집하지 않고 세월 따라 자연스럽게 퇴색되었다.

사방탁자는 네 개의 기둥에 선반이 네다섯 층 있는 네모반듯한 탁자로 조선시대에 유행했다. 비례미가 뛰어나고 단순하면서도 안정적인 구조로 사면이 트였다. 화가 이형록의 「책가문방도」에서 여기에 책과 도자기, 문방구 등 여러 가지를 가득 올려놓은 게 눈에 뜨인다.

집을 마련하며 산 그 장식장은 나와 함께 은빛으로 늙어가는 중이다. 형태가 간결하면서도 진중함이 있어 한쪽으로 비켜나 앉아도 늘 집안의 중심에 자리 잡는다. 책을 올리면 반듯한 책장으로, 화병을 두면 탁자처럼 쓰이며, 문방구가 놓이면 훌륭한 진열장이 된다. 웬만한 건 다 포용하지만 그렇다고 아무것이나 품지는 않는다. 그래서 다른 가구보다 더 품위가 있어 보이는지도 모르겠다.

그래서일까. 아끼고 정든 물건을 올려놓았다. 맨 위 칸에는 가족사진을 얹었다. 나를 받쳐주는 힘인지라 날마다 쳐다보며 소중함을 생각한다. 직접 발품을 팔아서 주워 온 수석과 분재는 중간에 배치해 철 따라 바꾼다. 종류에 따라 분위기가 달라진다. 가장 아래쪽엔 친구가 선물한 도자기를 두었다. 고풍스러운 맛이 더해져 집안 분위기를 차분하게 가라앉힌다.

사방탁자는 무소유를 실천한다. 가느다란 기둥과 기둥 사이의 받침대를 제외하면 거의 허공으로 이루어졌다. 하지만 그 공간은 허전하기보단 꽉 찬 느낌이 든다. '텅 비어 있으면 남에게 고요하고 나에게 아름답다'라는 말의 의미를 잘 깨닫게 해준다.

겸재 정선이 그린 「장안 연월」은 북악산 서쪽 기슭에서 바라본 한양의 밤 풍경이다. 먹의 농담을 조절하여 산과 나무를 간략하게 묘사하고 나머지는 안개로 채웠다. 여백의 미를 극대화했다. 대상을 나타내지 않고 주변을 그려 제 존재를 밝히는 방법은 비움으로써 사물을 도드라지게 하는 사방탁자와 일견 비슷해 보인다.

사방탁자는 이타주의자다. 사사로운 이익에는 관심이 없다. 늘 누군가의 배후가 되어 대상을 앞에 세우고 돋보이게 하는 재주를 가졌다. 인형을 놓으면 그것을, 분재와 수석을 두면 또 이들을 위해 자신을 헌신한다. 액자처럼 제 안에 다른 걸 채워 넣어 가치를 높여준다. 일종의 엑스트라인 셈인데 한낱 보조자의 의미로만 국한되고 있지 않은 이유는 내밀한 기품 때문이리라. 불상의 후광이 그 조각을 더 위엄 있게 만들어 주는 거처럼.

오스카 와일드가 쓴 『행복한 왕자』에는 죽음을 무릅쓰고 남의 고통을 덜어주는 주인공이 등장한다. 도시를 한눈에 내려다볼 수 있는 높은 곳에 조각상이 있었다. 몸은 순금으로 입혀졌고, 눈은 사파이어, 칼에는 붉은 루비가 박혔다. 어느 날, 남쪽으로 떠나지 못한 제비가 동상 아래에 머물렀다가 왕자의 눈물을 보게 된다. 새는 그의 부탁으로 보석을 쪼개 가난한 사람을 도왔다. 결국 이들은 행복하게 세상을 떠났다.

누구든 다른 사람에게 희생정신으로 베푼다는 것은 어렵다. 더욱이 목숨을 건 상태에서는 더욱 그러하리라. 나를 버리지 않고서는 남을 살릴 수 없다는 사실을 이 동화는 가르쳐준다.

사람들의 삶이 자기중심에서 벗어나 타인을 먼저 생각할 때, 세상은 분명 지금보다 훨씬 환해지리라.

무용지용의 도道는, '당장 실용성이 없으나 언젠가 가치가 있음'을 뜻한다. 이는 『장자莊子』의 '산목편山木篇'에 실린 일화에서 유래한다. 남화진인南華眞人이 산길을 걷다가 잎이 무성한 큰 수목 곁을 지나갔다. 그런데 벌목꾼이 그 나무를 베려 하지 않기에 그 이유를 묻자, 쓰일 자리를 찾지 못했기 때문이라는 대답이 돌아왔다. 이처럼 좋은 재목이 아닌 탓에 타고난 수명을 다하게 되었다.

사방탁자는 기실 크고 화려함과는 거리가 멀다. 자신을 드러내길 꺼려서 잘 눈에 띄지도 않는다. 없는 듯 있고, 있는 듯 없다. 하지만 집안의 고즈넉한 분위기를 살려내는 데에는 안성맞춤이다. 장자의 도道를 스스로 품은 건 태생적으로 가진 선량한 기질 덕분일 테다.

어쩌다 분재에 취미를 갖게 되었다. 처음에는 늘 푸른 잎과 남성적 기품을 지닌 소나무를 들였다. 그다음엔 단풍이 들고, 낙엽 후 나목裸木을 관조할 수 있는 수종을 놓았다. 또 모과로 열매를 보고, 매화와 동백으론 꽃을 감상했다. 처음에는 날마다 살폈지만 다른 일에 점점 마음을 빼앗겨 차츰 관심에서 멀어졌다. 정신을 차리니 어느덧 베란다에는 잊힌 화분들로 가득 찼다. 채우기에만 급급한 나머지 욕심이 과하다는 것을 간과해 버린 결과였다. 몇 개만 남기고 모두 치웠다.

  거실 창으로 햇빛이 들어온다. 수석과 분재와 가족사진이 햇살을 받아 따사롭다. 오랜 친구 같은 사방탁자가 오늘따라 조촐하면서도 맑아 보인다. 이 외에 더 무엇을 욕심내랴.

뜸, 느림을 꽃피우다

청록색 생두가 춤을 춘다. 수망 속에서 흔들리는 모습이 아두마*를 보는 듯하다. 거무스름한 무희들이 둥근 어깨를 들썩이며 발을 구른다. 둥, 둥, 어디선가 북소리가 울리고 마사이족 전사들이 연신 공중으로 뛰어오른다.

코끝으로 냄새를 맡고 눈으로 색을 살피며 불길을 조절한다. 고소한 향이 실내에 퍼진다. 로스팅은 적절한 타이밍과 화력 관리가 관건이다. 따닥 따닥 소리가 날 때 볶기를 멈추고, 냉각기에 올려 천천히 열을 식히며 뜸을 들인다.

뜸은 음식을 조리할 때, 열을 가한 뒤 한동안 뚜껑을 열지 않고 그대로 두어 속속들이 잘 익도록 하는 걸 뜻하지만, 시간을 발효시키는 효소이기도 하다. 매사에 적절한 결과를 얻기 위해

선 반드시 쉼의 순간이 빠져서는 안 된다. 밤과 아침 경계에 새벽이, 겨울과 봄의 틈에는 꽃샘추위가, 음표와 음표 사이엔 쉼표가 있다. 모두 일종의 통과의례처럼 보인다. 대립하는 두 개의 사물이나 사건 중간에 적당한 완충지대가 없다면 그것들의 의미는 사뭇 달라지리라.

주변을 둘러보면 쉼이 많다. 옹기를 구울 시, 차진 흙에 물을 뿌린 다음에 마르지 않게 비닐로 덮은 후 며칠 동안 기다린다. 불순물을 거르고 가마에서 소성을 마친 뒤에도 식힘의 시간을 갖는다. 추임새는 판소리꾼이 창을 할 때, 흥을 돋우기 위해 중간에 삽입하는 소리지만 일종의 휴식 역할도 한다. 가을걷이가 끝나고 나면 들판은 다음 봄을 위해 숨을 고른다. 불교의 참선이나 기독교의 안식일 역시 마찬가지 의미이다.

오랜만에 모인 친구들이라 정성을 기울이지 않을 수 없다. 잘 볶은 원두를 갈아 드리퍼에 담은 후 섭씨 92도 정도의 뜨거운 물로 적신다. 흰 거품이 일어나면서 빵처럼 부풀어 오르는 불림이 시작된다. 포말이 사라지면 안쪽에서 바깥으로 원을 그리며 물줄기가 일정하도록 따른다. 다시 반대 방향으로 되돌리기를 반복한다.

김홍도의「마상청앵도馬上聽鶯圖」는 길손이 한 발 멈추어 서서 버드나무를 바라보는 산수인물화이다. 선비는 봄빛이 배어든 연초록 잎사귀를 그대로 지나치지 못하고, 타고 가던 말의 고삐를 잡아당겨 흐르는 시간을 잠시 붙들어 둔다. 나무 위에는 꾀꼬리 한 쌍이 재잘거리며 한담을 나누고 있다. 길을 나섰으면 걸음을 재촉함이 능사이겠으나 새들에게 눈을 떼지 않는 나그네의 여유가 새삼 부럽다. 그림 뒤의 텅 빈 여백이 매사 급할 필요가 없다는 전언인 것 같아 나도 조급증을 내려놓는다.

가끔 오일장을 찾는다. 무성영화의 한 장면 같은 거기에는 느림의 미학이 있다. 시끄럽고 분주하나 절대 서두르지 않는다. 난전을 펴고 무심하게 앉은 노파며, 손수레를 끌고 지나가는 행상과 채소와 과일, 생선 장수가 함께 어울려 천천히 흘러간다. 물건을 권하는 상인이나 장터를 거니는 손님 얼굴에선 느긋함이 묻어난다. 바쁘게 쫓기며 상품을 사는 대형 매장에선 좀처럼 느낄 수 없는 삶의 체취다. 흑백의 풍경 속을 소요하다 보면 고단한 일상에 지친 심신이 회복되기도 한다.

뜸은 적절한 타이밍이 필요하다. 사람과의 관계나 사건이든 매사에 신중함이 요구된다. 누구랑 이야기할 때, 나는 성격이 급해 '삼사일언三思一言'하라는 금언이 우이독경牛耳讀經이다. 약간의 여유도 가지지 못해 기회를 놓치는 일이 다반사다. 그럴 때마다 피해를 보거나 핀잔을 듣지만 쉽게 고쳐지진 않는다.

문명이 발달하면서 우리는 조금씩 여유를 잃어간다. 급격한 정보화로 속도가 중요한 가치로 여겨진다. 디지털이 주도권을 잡고 아날로그는 점차 소외된다. 인스턴트식품이 주목받으면서 편의점이 인기다. 기계화, 물질화로 인간은 점차 설 자리가 줄어든다. 환경이 신속하게 바뀌어서 과정보다는 결과에 더 무게를 두는 게 아닌가 싶다. 그러다 문득 **빠른** 것만이 중요한가에 마음이 머문다.

스페인 바르셀로나의 사그라다 파밀리아 성당은 무려 140여 년 넘게 지어지고 있다. 그 웅장함은 말할 것도 없지만 자신의 생전에 완공시키려고 애쓰지 않았던 설계자 가우디의 철학이야말로 오늘날 우리가 본받아야 하리라.

비커에 갈색 방울이 떨어진다. 아로마가 거실에 가득 차고, 벗들의 정다운 모습이 함께 어우러진다. 까마득한 어릴 적 추억이 실내에 잔잔하게 퍼진다. 우정이란 인생에서 오래 공을 들인 소중한 뜸이 아닐까.

내린 커피를 잔에 따르자 그윽한 향이 코끝을 스친다. 뒤이어 부드럽고 깔끔한 맛이 목을 타고 넘어간다. 온몸에 천천히 기운이 번지고 내 안에 싱그러운 초원이 펼쳐진다. 둥, 둥, 어디선가 북소리가 울린다. 푸른 풀밭에선 영양 떼들이 한가로이 풀을 뜯고 있다.

* 마사이족 전통 춤의 하나로 점프 춤이라고도 한다.

어 敔

무대 위는 온통 붉은빛이 감돈다. 왼쪽에 있는 초록색 상자 바닥이 세 번 울린다. 동쪽에 놓여 시작을 알리는 악기인 '축'이다. 경건한 곡이 장내에 울려 퍼진다. 연주자는 양쪽으로 앉고, 가운데엔 무용수들이 열 지어 춤을 춘다. 한 치의 흐트러짐이 없는 동작이 이어져 간다. 옷은 지극히 화려하고 반복적인 곡조는 매우 느리다. 탁, 탁, 탁, 드르륵. 한동안 계속되던 연주는 '어'를 치며 끝이 난다.

우리나라 전통악기 중 하나인 '어'는 국악기 중 유일하게 동물 모습이며, 공연장 무대 위의 서쪽에 위치하면서 백호를 상징한다. 예종 때 송나라에서 수입하여 현재 문묘와 종묘의 제례악에 쓰인다. 길이 1m가량의 엎드린 호랑이 형상으로 나무를 깎아 등에 스물일곱 개의 톱니를 세웠고, 채는 대나무로 만들며 아홉 조각으로 갈라지게 했다.

이 악기는 의식의 끝을 알린다. 놓는 방향도 해가 지는 쪽이어서 무엇인가를 마감한다는 의미이다. 세 번 치는 것은 하늘과 땅 그리고 사람을 뜻하는 조화로운 숫자에서 비롯되었다. 연주는 간단하지만 상징하는 건 웅숭깊다.

해가 서산에 머무는 나이다. 나는 삶에 신경 쓰느라 나날을 놓쳐버렸다. 어느 순간 할아버지가 되었다. 쇠잔해 가는 체력을 붙잡기 위해 운동에 공을 들이지만 한계가 있다. 가는 세월은 무엇으로도 붙잡을 수 없다.

『월스트리트 저널』의 부고 전문기자가 쓴『그렇게 인생은 이야기가 된다』라는 책이 널리 알려졌다. 그는 800여 명이 넘는 이들에 대한 부고문을 작성해 왔다. 더 좋은 내용을 위해 반드시 알아야 할 세 가지 질문을 던진다. 그것은 "인생에서 무엇을 이루고자 했는가, 그 이유는 무엇인가, 목표를 이루었는가?"이다.

그 질문의 답을 생각해 본다. 마을 사람들은 대부분 팍팍한 삶을 이어갔다. 많은 이들이 등겨로 만든 개떡이나, 보리쌀과 곤포를 넣어 지은 밥으로 겨우 허기를 달랬다. 이처럼 궁핍한 이웃들과 함께 살아온 터라, 가족만큼은 굶기지 않겠다는 꿈을 품었다. 가난한 어부나 농부가 되기는 싫었다.

힘든 여건에서 대학까지 졸업하고, 삭막한 생활전선에서 허덕이면서도 운이 따라주었다. 소망을 실현하기 위해 노력을 게을리하지 않아 나름의 목표를 이루었다. 가정도 꾸렸고, 무더위나 한파에도 편히 누울 집을 가졌으며 원하면 어디든지 갈 수 있다. 돌아보면 나의 연주는 완벽하진 못했지만 심하게 망친 건 아니라서 그나마 위안이 된다.

아버지는 장기려 박사님께 위궤양 수술을 받았다. 입원해 계시는 동안 그분에 대한 온기 있는 이야기를 많이 들었다. 한국전쟁이 일어나자, 월남해 부산에서 천막을 치고 복음병원을 세워 병자를 고쳤다. 자신이 누군가에게 베풀면, 반드시 북에 사는 가족을 도와주리라 믿었다. 가난한 사람을 위해 평생을 바치겠다고 다짐하며 하루에 이백여 명이 넘는 환자를 돌보았다. 치료비를 감당하기 어려운 경우에는 자기 돈으로 수술을 해 주고, 그 외의 경비마저 부담하지 못하면 밤에 몰래 뒷문으로 내보냈다. 평생 집 한 채 소유하지 못하고, 병원 옥상 사택에서 살다가 팔십사 세에 세상을 떠나셨다. 이분의 삶을 통해 나의 남은 여정을 어떻게 마무리할지 생각해 보았다.

얼마 전 호흡기질환으로 입원한 적이 있다. 다행히 회복되었지만 어느 때고 운명이 다할 날은 올 게다. 문득 지금부터라도 내 주변을 정리해야겠다는 생각이 들었다. 자식들이 유품을 처리하려면 부담이 될까 싶어 꼭 필요한 것 외에는 모두 처분했다.

보지 않을 책은 가깝게 지내는 이들 중 필요한 사람에게 주고 나머지는 파지 줍는 아주머니에게 넘겼다. 막상 꺼내 보니 여러 수레나 되었다. 수십 권의 앨범도 한 권 분량만 두고 없앴다. 취미로 모아 온 수석도 세 점만 남겼다. 부산하던 친목 모임은 몇 개만 유지하고 있다.

연극이 끝날 때나 곡의 마지막에 붙는 악장을 '피날레'라 부른다. 그게 얼마나 감동적인지, 웅장한지에 따라 행사의 질이 달렸다고 해도 과언이 아니다. 삶도 마찬가지이리라. 마무리를 어떻게 하느냐에 따라 생의 의미가 달라진다. 베토벤은 완전히 청력을 상실하고도 교향곡 9번 '합창'을 작곡했다. 이 곡은 해가 바뀔 때마다 세계의 많은 도시에서 듣는 행사 음악으로 정형화되었다. 완당은 죽기 3일 전, 병들고 쇠약한 몸임에도 봉은사 현판으로 걸 '판전板殿'을 썼다. 어린아이 글씨 같은 고졸한 멋이 우러나오는 무심한 경지의 이것은 추사체의 완성이라는 평가를 받고 있다.

노인은 '미움받을 나이'란 말을 가끔 듣는다. 자기 모습이 마음에 들지 않으면 아직 시간이 남았으니 고치면 되리라. 인생의 연출자는 나이기에 수정하는 것도 내 몫이다. 이제부터라도 차근차근 돌아보며 사소한 실수조차 되풀이하지 말아야겠다.

우리 집 베란다에 범부채가 있다. 부챗살처럼 퍼진 꽃잎의 얼룩 반점이 표범 무늬와 닮아서 이름 붙여진 이 꽃은 시들 때는 잎을 오므린다. 깔끔한 종말이다. 나도 언젠가는 저렇게 삶을 마감해야겠다고 다짐하곤 한다.

공연장을 빠져나오니 산등성이에 이제 막 해가 넘어간다. 노을은 태양이 연주하는 '어' 소리인가. 마지막 자태가 쓸쓸하게 아름답다. 귓전에 탁, 탁, 탁, 드르륵 소리가 맴돈다.

달을 건지다

김장배 2025

인쇄일 | 2025년 11월 05일
발행일 | 2025년 11월 10일

지은이 | 김장배
엮은이 | 이유희
편집인 | 이숙희
발행처 | 수필세계사
인쇄처 | 포지션

출판등록 | 2011. 2. 16 (제2011-000007호)
주소 | 41958 대구광역시 중구 명륜로 23길 2
연락처 | Tel (053) 746-4321 / Fax (053) 793-8182
E-mail | essaynara@hanmail.net

값 13,000원
ISBN 979-11-93364-21-5

* 이 책은 울산광역시, 울산문화관광재단 '2025년 예술창작활동지원사업'의 지원을 받아 발간되었습니다.